Alfred Bohner: Wallfahrt zu Zweien

# 同行二人の遍路

四国八十八ヶ所霊場

アルフレート・ボーナー【著】

佐藤久光／米田俊秀【共訳】

大法輪閣

# 目次

『四国邊路道指南』より
二人の遍路と荷物運搬人

〈装丁・山本太郎〉

# 凡　例

一、本書は、Alfred Bohner, Wallfahrt zu Zweien, Die 88 Heiligen Stätten von Shikoku, Tokyo, 1931.（ドイツ東洋文化研究協会所蔵）の日本語訳である。

一、構成は原文ではA.B.C.D. Ⅰ.Ⅱ.Ⅲ.の形式を取っているが、日本語訳では章、節とした。

一、原文にはなく、訳者が補足したものは〔　〕とした。

一、著者が事実を誤認していると思われる点については、日本語訳では訳者が訂正し、〔　＊〕とした。

一、原文の註釈はその頁の下段に付されているが、日本語訳では章ごとに一括している。

一、原文の「弘法大師　精神的創設者」の項と、「八十八ヶ所における両部神道」は主題との関連性が薄いため除外した。補遺の「八十八ヶ寺の一覧」も除外した。

一、ドイツ語の原文は長文であるので、日本語訳では読み易いように、適宜、文を切り改行した。

一、現在では差別用語となっている表現があるが、当時の状況を伝えるためにそのまま使用した。

一、写真、図は巻末に九十五枚掲載されている。その中から訳者が貴重であると思うもの、そして鮮明さを基準に選択し、日本語訳の巻末（補足）に載せた。なお、日本語訳の本文と解説中の写真は、訳者及び協力者から提供されたものである（※は前田卓関西大学名誉教授からの提供）。

# 同行二人の遍路——四国八十八ヶ所霊場

# はしがき

本執筆の仕事の最初のきっかけとなったのは、筆者が昨年（一九二七・昭和二年）の晩秋、東京のドイツ東洋文化研究協会で行った講演である。筆者が役員の好意的な要請で講演の記録を印刷にまわすべき仕事に取りかかっていた時、それまでに収集した大量の資料も加わり、徐々にこの論文の形となった。しかし、それらの大量の資料を使いこなすには苦労したものである。とりわけ、著作をあまり膨大なものにさせたくないという気持ちが大きな制約となった。従って、かなりの数の〔先学の〕著作・文献を活用しなかったことは読者から、特に四国に精通している人から見れば残念に思われるかも知れない。それは筆者が自由に選択したものではあるが、それにしても実際には、収集した資料の三分の一がかろうじて使用されただけである。

筆者は各寺院やその歴史について一つ一つ詳細に記述することを断念したが、遍路道や寺院の創建についての一般的な記述と、補遺で八十八ヶ所霊場の一覧を作ったことによって、スペース不足は決定的となった。そのため、四国に流布している弘法大師に関連する護摩修行、開帳、札流しのような伝説や伝記については記述することができなくなった。

筆者が残念に思うことは、当面の事象に相応した一般的な宗教的基礎知識と、同じく真言宗の細かな基礎知識に欠けていることであった。それなしには、その関係の著作について宗教的な問題を正しく評価することなどはできないであろうからである。また、「二つの文化に挟まれた日本」という新鮮な印象を改めて意識させられたことであるが、本著作において宗教の基礎知識が欠けている部分として特にそのことを感じているだけに、なお一層辛く思うのである。つまり、日本の宗教の理解がこの国の一般的な理解にとっていかに重要であるか、ということである。それ故に、幾度か個人的な体験に基づいて判断し、また、あらゆる学問的に要求されている理由付けを断念しなければならなかったのである。

筆者は、全く別の側面から、本執筆に賜わった援助を有難く思っている。松山高等学校の同僚である鈴木栄一郎、内田新也、大江文城、重松靄《あい》（現在、福岡大学）、井出淳二郎、北川淳一郎、等の教授は多種多様な筆者の疑問に応答して下され、決して厭《いと》うことはされなかったのである。他方、景浦直孝教授と西園寺源透氏、曽我端氏そして伊予歴史会（伊予史談会）の菅菊太郎氏らは懇切丁寧な態度で接して頂き、私が豊富な資料を自由に使うことを許して下さった。さらに立花の大音寺・石岡氏には遍路の装束、持ち物の準備から原稿の完成に至るまであらゆる局面を通じて、誠実な援助を頂いた。また、筆者は八十八ヶ寺のうちの幾人かの僧侶、とりわけ松山の繁多寺（第五十番札所）の住職・丹生屋隆道師から多くの忠告を受けた。以上の皆さんに感謝を申し上げたい。同様に、この仕事を通じて示された好意的な関心に対して、特にカメラ・写真を貸して下さった東京のW・グンデルト博士とクルト・マイスター氏に感謝したい。

筆者が遍路から戻って、今日でちょうど一年になる。しかし、個人的な事情により、今年の三月で好きになった四国とも別れを告げ、ドイツへ帰国することを余儀なくされた。しかしながら、筆者は、この著作が故国でも東と西の交流にさらに従事していこうという約束として、また将来再び自分のかつての仕事の分野に戻っていくという希望の徴表としてみなされることを願っている。

一九二八年八月五日

ヴァルザータールのミッテルベルグ（フォーアアルルベルク）にて

アルフレート・ボーナー

# 序章　四国遍路——日本の民族宗教

日本には、昔より仏教の巡礼道（遍路道）が数多くあった。元来、巡礼という習俗は仏教の故郷であるインドで起こったものであり、ゴータマ（釈迦）の死後まもなく八つ、後に十の遺跡を巡ることが行われていた。それらの遺跡は、その場所と釈迦とのゆかりに因《ちな》んで、あるいは釈迦の遺灰によって、特別の意味をもつことになったのである。その巡礼は早くから中国に伝えられ、進貢《しんこう》（香を供養すること）と名付けられていた。日本に仏教が紹介された時、このような宗教的習俗が共に持ち込まれた。

たとえ一年あるいは十年といったように正確に年代を決定できないとしても、平安京から南都の七つの大きな寺院（南都七大寺）へと通じる日本最古の巡礼道が、平安時代の中頃には既にできあがっていたのは疑いのないことである。というのは、当時既に京都の人びとは、その巡礼ができない場合には、それに代わる京都と大津との間にある六地蔵という地域の七つの観音寺院（六地蔵七観音）へと詣でる習慣をもっていたからである。現在まで特別の名前で知られてきた巡礼道の中には、最も重要なものとして、坂東《ばんどう》の三十三ヵ寺、秩父《ちちぶ》の三十四ヵ寺、西国《さいごく》三十三観音霊場、そして四国の八十八の霊場が挙げられる。しかし、たとえ今触れられなかった巡礼の一つが、日本人の生活にとって重要な意義をもっていなかったとしても、四国の遍路道と同様に民族的な現象になっていた。このような道は全国至る所で知られており、既に寛永年間（一六二四―一六四四年）に東京やその周辺では八十八ヶ寺を廻る一種の模倣された、しかも現在数多くの地方で出会うことのできるような巡礼道が知られていた。

他方、私が日光にある輪王寺の納札を見つけるまでは、そこが坂東巡礼の第十七番寺院であったとは、長い間、誰も私に説明することはできなかった。当時、期待していた情報が得られるということで、喜んで面会者のいる場所へと私は赴いたのであるが、そこに居合わせた面会者の誰一人として、坂東第一番札所がどこにあるのかを私に教えてくれる人はいなかった。つまり、最初の寺の位置と名前を彼らは全く知らなかったのである。私が聞き出すことができた唯一のことは、〔第一番の寺院は東京にないこと、浅草の観音寺院は順番では第十三番である＊〕、ということだけであった。

坂東三十三ヶ所よりははるかに多くの意義をもっているのは西国の巡礼道である。それは四国遍路以前で古さにおいて勝っている。たとえ花山法皇《かざんほうおう》によって創設されたとする言い伝えが、今に至るまでまだ歴史的に実証されることがないとしても、それは紀伊の国の那智山に始まり、和泉、河内、大和（奈良）、山城、近江、京都、丹波、摂津、播磨、丹後、近江へと至り、そして美濃の国谷汲山《たにぐみさん》で終わるのであった。この巡礼は、先に述べたように地方にいかに幅広くそうしたことが広がっていたかを示している。

寺院同士が遠く離れて建立されている所では、当然その繋がりはより希薄になる。そのため巡礼道の性格はある程度まで見失われていくことになるだろう。たとえ四国路のように巡礼者が沢山あろうとも。さらにまた、日本の人口密集地の幾つかを通って走り、はるかに長い道程のために、他の交通路の中に埋没してしまい、民衆の生活においては四国の島がそうであるように、ほとんどは巡礼道の印象を残さないようなものもある。

西国霊場第１番・青岸渡寺と那智の滝

西国霊場第 33 番・華厳寺

加えて西国巡礼は、身体的に耐えられるかどうかは別にしても、巡礼者には経済的に相当な費用がかかるので、本来の旅程を成就する試みは比較的僅かな信仰者たちによってのみ行われていた。大部分の人はその代わりに一部を巡礼することで済ませて満足するのであった。そのために、西国三十三観音霊場の重要性はおそらく歴史的な領域の問題になるだろう。つまり、徳川

時代の小説や戯曲にはそのことが脚色されて著されている。仏教的な伝説や宗教的詩歌は西国三十三観音巡礼から様々な刺激を受けている。宗教的な歌謡芸術はまさしく観音寺院の歌謡である。いわゆる御詠歌《ごえいか》がそれであり、高い詩的価値によって、特に日本人の精神修養文学の産物として賞賛すべく優れており、今なお日本のその他の文学の基準となっている。同様に、四国を含む他の巡礼が西国三十三観音巡礼を手本に起こっている、ということも不思議なことではない。しかし、他のことは言うまでもなく、民衆にとって巡礼の現代的意義が何であるかは、西国巡礼についても四国のそれで計ることはできないだろう。

二、三の寺院があちらこちらでより多くの信仰者の一群を惹きつけているとしても、巡礼者が風光明媚さによって惹きつけられる所は四国以外にはなく、また住民の参加をもたらし、彼らから尊敬されている所は四国遍路以外どこにもないだろう。遍路は一二〇〇キロ以上もの道程を乗り超えなければならない。それは遍路をする長い期間、家と農地、店と仕事場を他人の手に委ねなければならないのである。一日中困難な道を辿り、時には高い山を登って行かなければならない。また同じように不快な道を歩き、あるいは夕方、貧弱な宿で粗末な寝所と僅かな食べ物にありつくためには、山間の半ば枯れた小川の起伏の多い川床を通って谷を下って行かなければならないこともある。最後に重い手荷物を置き、遍路の杖を脇に置き、そして遍路の装束を脱ぐまでは。

毎年一万人もの日本人がこの習俗を引き継ぎ、(1)何百年もの間それが受け継がれてきたのである。毎年温かい手が遍路道に沿って展開されており、遍路には食べ物と飲み物、そして他の施し物が随時に振る舞われる。しかしながら、そのことは近代の都会人や日本人には夢想だにし得ないことであろう。しかし、こうしたことは数世紀も続いているのである。既に一六八九年〔元禄二年〕の案内書には接待の場所が記載されており、施し物は充分に行き渡り、その上接待した人の名前までも言及しているのである。

遍路の精神的な創設者である弘法大師と関連している四国の俚諺《りげん》において、その言い回しや成句についての言語上の研究は、遍路と民衆の生活一般との間には多くの密接な繋がりがあることを、はっきりと教えてくれるだろう。その際に、時には巡礼者、あるいは少なくとも後で詳細に記述される階層について、幾分か光が当てられるであろう。例えば、四国における「修行」（宗教的修練）は乞食《こつじき》と同義的に使用されている、といったことを私たちが確認するような場合である。(2)

【註】

（1）遍路数の推定は見解が分かれている。私は平均三万人から四万人までと聞いている。それに反して寅石将郎によると、彼は土佐の第三十三番札所の僧侶であるが、その数はもう少し減ると見積もっている。それでも彼によれば、二万は決して下らないという。「日本事情 Things Japanese」（三七一頁）におけるチェンバレンの見解では遍路の習慣は減少気味であるという。しかし、私の経験と確認では、少なくとも四国遍路については、それは当たっているとは思えない。

（2）完全とは言えないが、遍路用語の言い回しと成句を補遺で挙げておいた。

# 第一章　遍路の歴史

## 第一節　遍路の起源

弘法大師空海に始まり、今や既に千年の時を経ているといわれる四国遍路への空海の影響は、次のような疑問をもつ時、なお一層驚嘆に値する。それは遍路がいかにして起こったのか、という問題である。その際、第一に次のような事実に突き当たる。八十八ヶ所の内、三ヶ寺については空海が滞在していたという明白な歴史的証拠があるということである。この三ヶ寺とは阿波の太龍寺《たいりゅうじ》（第二十一番札所）、土佐の東寺〔最御崎寺《ほつみさきじ》〕（第二十四番札所）、そして讃岐の善通寺（第七十五番札所）である。一方、大師が四つ目の地方である伊予に滞在した、というういかなる文書もこれまで手に入ってはいない。しかし、それに関しては、遍路のきっかけを求めての伝説がある。つまりその地方には、その他のどの地方よりも多くの寺院があるということである。

遍路に言及したものは、かなり早い時期に他の書物の中に見出されるが、最も古い伝記類、例えば大師の死後二五〇年頃のものでさえも、四国八十八ヶ所の遍路創設に関するそれらしきものは示されていない。その成立について伝えている最も古い書物は『四国偏礼功徳記』である。この書物は元禄三年（一六九〇）に著されたもので、大型サイズで挿絵が入った二巻本である。それは遍路の成立や遍路の若干の記述、奇跡による救済、大師の生涯についての伝記を含んでいる。

遍路の起源について、筆者は次の三つの説に注目したいと思う。

一　誰が、いつ遍路を始めたかということは、もはや確かめようがない。

二　空海の門弟である真済《しんぜい》は師の遷化《せんげ》の後、師が遺したその足跡を思い出として訪れた、という見解がある。そしてその実例に人びとが従い、そのようにして遍路の習慣が生まれた。

三　他の見解によると、空海の死後その精神を尋ねて、〔弟子たちは〕大師が昔、修行を重ねた場所を探し求めた。そして、そのことに人びとが夢中になっていった。やがてその話題は次第に広まって行き、人びとは大師に出会うために徐々に旅へと惹《ひ》きつけられていった。

最後の見解は全くの伝説の域に入れられてもおかしくないであろう。一に関しては、後年の研究では、それらを確かめることはまず不可能であろう、という研究結果があることに注目す

寂本『四国偏礼功徳記』

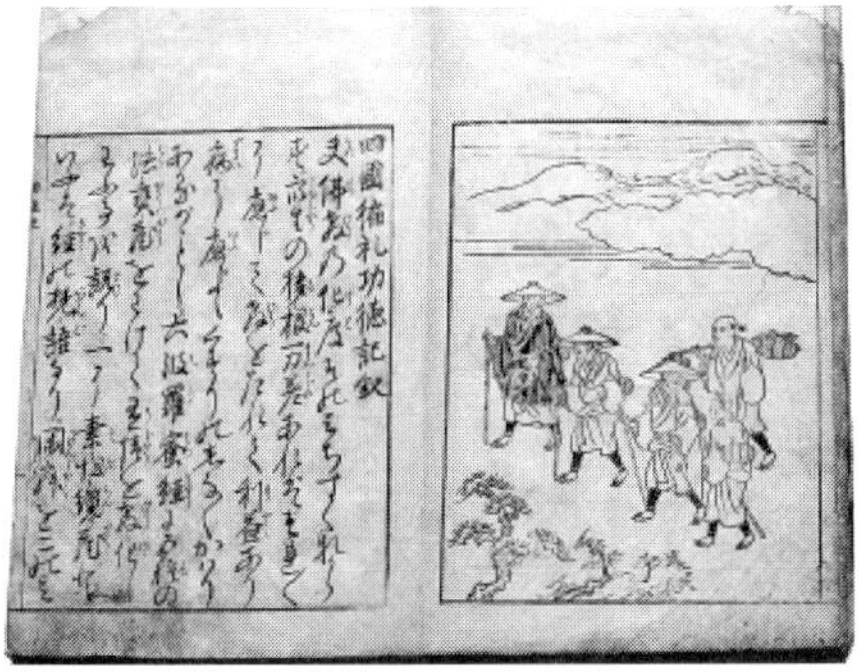

べきであろう。これに対して、二は当初は否定されてはいなかった。確かに真済の伝記の中には四国を訪れたというかなる指摘もないが、ただ一つ、彼は師と共に弘仁十一年（八二〇）に関東へ行っていることが言及されている。真済が最も尊敬する師の思い出の場所を訪れたということ、また他の門弟たちも、その中の多くが四国出身者であったので、そうしたことを行ったことによって、徐々に遍路の習慣が成立していったのであろう。しかし、このような説明を受けるとしても、八十八という数字が確定したのは古い時代に由来するもので、やはり不可解のままである。序章においてなされた遍路の習慣の起源についての見解に、ここで補足し、論考を付け加えてみたいと思う。もし、主題について上述のような内容を受け入れるとしても、我々は日本の遍路の歴史の中で、さらなる起源を探り出すことができないかどうか。

日本固有の宗教である神道が、何らかの形で遍路の流布に関与したのではないだろうか。この点に関しては、重要な関連事象が明らかにされたとは私には思われない。しかし、土佐の神峯《こうのみね》（第二十七番札所）のような孤立した山がある。そこは仏教寺院の創設以前に神道の神々を祀っていた。しかもその神は間もなく消え去っている。神峯の他に高く聳え立つ山には重要な寺院がある。鶴林寺《かくりんじ》（第二十番札所）、太龍寺（第二十一番札所）、それにおそらく第四十一番、第四十七番、第七十四番札所が挙げられるであろう。他の寺院では神道に結びつく全ては後の時代、両部神道《りょうぶしんとう》の全盛期に由来するものと思われる。また現在、神道の巡礼道を見るに、例えば松山における古くからの八つの有名な神社が都会の周辺にあるが、それらは、いわゆる八社詣でというもので、何れも新しい年代のものである。

　私が周遊と言われることに関連して空海の前の時代の記述を見つけた唯一それらしきものは、『エンサイクロペディア・ヤポニカ（日本百科辞典）』の記事であった。そこには「一の宮」という名称の起源が説明されていた。奈良時代にそれぞれの国の統治者たち、いわゆる国造《くにのみやつこ》は彼の地方のある特定の神社、それらは古い血統を誇ったり、あるいは公務上の地位を持っていたりするのだが、そうした神社に毎年訪れたということである。神道は自然崇拝、山岳崇拝がその中で一定の役割を演じている限りにおいて、巡礼精神の発達に貢献したようである。

　他には空海に先立つ二人の偉大な先駆者として、行基《ぎょうき》菩薩と役小角《えんのおづぬ》(1)がいる。行基菩薩は六七〇年から七四九年まで生きた人であるが、母の死後に六十余りの地方で教えを説き、また寺院を建立して行脚《あんぎゃ》をしていた。四国にある多くの寺院の発祥は、この偉大な廻国僧に求められると思われる。多くの僧侶、そしておそらく在家信者は行基の例に倣《なら》ったといってよいであろう。しかし、遍路の習慣の創始者、また後援者としては〔行基＊〕より古い世代がはるかに重要な意義をもっている。

　役小角は六三五年に大和の国に生まれた。そして若い頃から仏教の熱心な信奉者であり、仏教修行のために彼の故郷、または紀伊の国の最高峰に登った。そして三十二歳の時に初めて茨城の山に登っている。そこで三十年以上もの間、洞窟の中に暮らして孔雀明王《くじゃくみょうおう》(2)の教義を実践した。晩年には、西日本を通って九州に辿り着いている。彼の最期は分かっていないが、かなりの高齢に達していたようである。一説によると、最後には中国に渡ったということである。

役小角の教義は修験道である。その核心は真言や天台の密教とそんなに異なってはいない。修験道を再建するに当たってこの二つの宗派を合併したのである。特に際立つのは山岳崇拝である。吉野の大峰山《おおみねさん》は役小角によって、その教義の中で主たる聖地と決められた。小角の死後、約一八〇〇年間登頂、入峰《にゅうぶ》が行われなかった。そして真言の僧である聖宝《しょうぼう》（八三二―九〇九）、後の理《り》源《げん》大師によって再び取り上げられたということである。理源大師は小角の秘儀を真言と類似関係にあるとし、それを併合した人物である。

修験道という名称は、「修行、抖擻《とそう》、道」の短縮形として説明されている。つまり、「孔雀明王呪法を修行して威神力《いじんりき》を得る道」である。この教義の信奉者はその修行の際には、人の住んでいない山の中で、たいていは一人で夜を過ごさなければならなかったので、その者のことを「山伏」と呼んだ。伏すとは元来「ふせる」「ねる」という意味である。しかし後にこの名称は宗教的に解釈仕直されて、「伏す」に対して、他の意味が選ばれた。すなわち、「横たわる」あるいは「待ち伏せする」という意味をなし、結局、「山伏とは山（真理）から俗界（誤謬）を見張っている者」という意味になった。

理源大師によって修験道は高い山、あるいは低い山での修行が大変好まれた。そしてそれは確固たる様式へと発展した。それで徳川時代には各々の詳細な部分が定められたのみならず、宗教的に厳密に組織化された教義をもつに至った。奇妙なことには、杖というものは我々が後に見るように四国遍路にとって大変重要な位置を占めているのであるが、その杖が修験道においてはかなり二次的な役割しか演じていないということである。教義は現在二つの派に分かれており、大きい方は本山派《ほんざんは》と言われ、天台宗に組み込まれているものと、真言宗に属する小さな当山派《とうざんは》がある。後者の当山派の信奉者は大峰山に年三回登り、聖域で国家の幸福と平和のために行をする。それは天下泰平の祈祷であるが、他方、本山派の信奉者は年に唯一度行うだけである。

修験道が広い範囲にわたって遍路のしきたりの発展に貢献したことは疑いない。たとえ四国でこのような教義が開花しなかったとしても。一つの例を挙げると、四国遍路の持ち物は、山伏のそれとは違って完全なものとは言えない。古い図版に見られるように、それは遍路に必要な実用的なものが多い。それにもかかわらず、両者の関連性は全くないわけではない。

しかし、我々は歴史的な文書不足のために、またもや素朴な伝説を手がかりにするしかない。それによると、役小角は四国も訪れたようである。阿波の第十二番札所で高い山中にある焼山寺《しょうさんじ》は聖域（奥の院）に当たるものと思われる。土佐では第三十八番札所の、いわゆる足摺《あしずり》の山で、彼は山の精霊を意のままに操《あやつ》ったという。山の精霊たちはなすすべもなく、後退したということである。同様に、第四十七番札所の松山の近くの八坂寺《やさかじ》は小角によって建立された。一方、第四十三番札所の明石寺《めいせきじ》は小角から第五番目の祖、寿元尊者をその創建者としている。四国の最高峰である神道の神の仏教的な権現、つまり第六十番札所と第六十四番札所の二つの寺院で祀られている蔵王権現《ざおうごんげん》(3)は釈迦牟尼如来の生まれ変わりであるとされている。それは大和の国、金剛山に初めて現れたものであり、インドにも中国でも発生したものではない。
石鎚山《いしづちさん》は八五〇年に僧侶によって初めて登頂された。その時、山の神は蔵王権現として崇拝されている。第六十四番札所にある蔵王権現の彫像は文化期（一八〇四―一八一八年）から案内書に載っているように、役小角自身が彫り込んだものである。

道教が四国遍路の普及に関与しているのかどうかという問題は、資料が全く欠如しているので、決定することはできない。我々は行基と役小角について、少なくとも伝承をもっているのに、道教との関係については何らの報告もない。しかるに、この宗教にとって特徴的な山頂に関する「五」という数字が何度も現れる。空海が生まれた善通寺では、五岳山が聳え立っている。[4] 第八十五番の札所では背景に聳え立つ五つの頂きは五剣山と呼ばれており、[5] 第七十一番札所には剣五山、そして第三十一番札所には五つの波形の坂のある山がある。従って、五台山と呼ばれている。にもかかわらず、道教の影響は初めから否定されているように見える。しかし、後に触れる仏教の研究者富田博士のような人はそういう事態への可能性をも述べているように思われる（富田斅純『四国遍路』）。

以上を要約すると、次のようになるであろう。すなわち、巡礼の習慣は先に序章で見たように、インドから中国を経て日本へやって来たということである。また、行基や役小角のような初期の廻国僧と並んで、彼の教義の信奉者たちが巡礼の精神を自覚した者として日本では注目されている、ということである。しかし、その影響は四国に色濃く残されてはいない。

四国遍路は弘法大師自身に創設者という役を押しつけるのではなく、もっと早い時期における西国巡礼の模範に起源をもっている。しかし、次のことは疑いない。弘法大師の四国における山岳仏教への傾注は、大師自身における〔山岳密教への〕最も強い動機となったということである。また、次のようなことはあり得ないことではない。つまり、空海の死後、京都の都市仏教や宮廷仏教から離れ去っていく試練と、高野山の山岳仏教が抑圧されるという試練と共に、無空《むくう》と山岳仏教へ傾く他の僧侶たちが高野山を断念したこと、そして四国へ移り、そこで根源的な教義を育成したということである。この点については、我々は他の事と関連して後で触れるであろう。従って、ここでは短い言及にとどめよう。

## 第二節　遍路という名称、古文書と諸文献、道中記

「遍路」という名称は現在一般に、巡礼という意味をもつとされているが、〔近世における〕民衆の間では普通に使われていた。遍路についての最も古い文献では確かに「偏礼」という文字が書かれているが、「へんろ」という振り仮名が添えられている。〔景浦直孝博士によると〕「へんど」は方言であり、本来は「へんろ」であった。そのことを喜田〔貞吉〕博士は、間違った表現として受けとめたのではないかと言われている。つまり、〔喜田博士は〕「へんど」が根源的であり、それは「へん（廻る）」「ど（土）」から生じたというのである。しかし、「へんど（邊土）（巡礼者という意味）」の表記法はどこにも記載されてはいない。

『四国霊場記』（第六番札所・安楽寺提供）

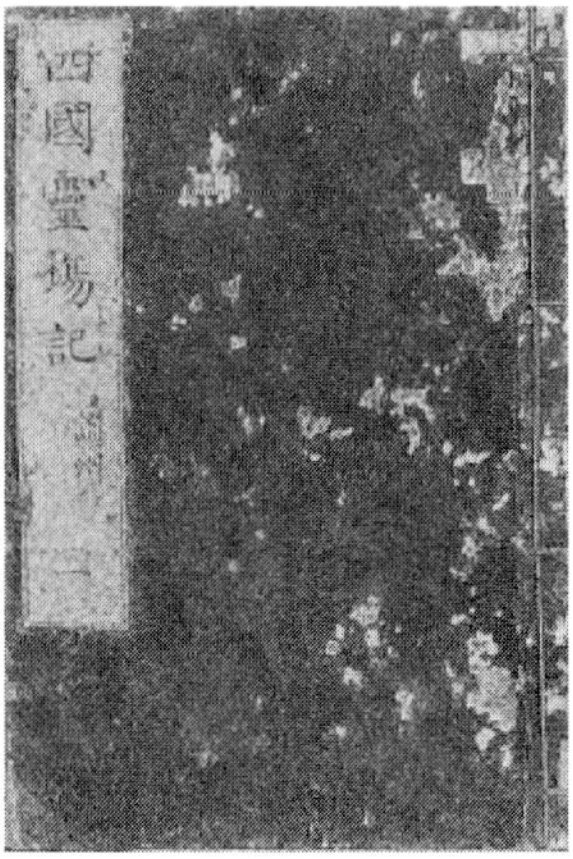

人は現在、方言を文字に表そうとして、仮名表記かあるいは滑稽な発音表記「へん（一面、変な）」「ど（奴）」など、どちらか一つを選び取っている。〔ただ喜田博士が述べる〕唯一の例は、沢庵和尚『鎌倉記』に次のような箇所がある。「浄智寺に入りて見れば　三間四面の堂一宇古き仏を安置して　何方を開山塔と云ふべき様もなく　末流邊土の僧一人来て　かつがつ茅屋小さく営み傍にあり」。

　私は景浦博士の詳論に従っているのであるが、景浦博士が幾つかの典拠に基づいて立証している如く、「邊土」は「遍路」であるというのは不可能であろう。むしろそれ〔邊土〕は「田舎の、粗野な」ということを意味し、例えば、伊予の和気郡山越地方の方言では現在まで残されている。『仏教大辞典』の仮説によると、遍路は「遍礼」から発生したというが、上述の言説〔喜田博士のいう「邊土」説〕からはそのことは言い得ないであろう。

　一〇七七年に亡くなった源隆国の『今昔物語集』という本は、「四国邊地」あるいは「ヘンジ」について語っているが、景浦によると「チ、ジ（地）」を「ロ（路）」との思い違いに基づく間違いであろうということである。従って、我々は景浦と共に次のように要約してよいだろう。つまり、古い時代の「偏礼」という名称は、後に「邊路」（その都度別の仕方で綴られたヘン）に置き換え

越裏門地蔵堂の鰐口（本川村教育委員会提供）

られた。そして、それが徐々に通用していったということである。そして、ついにはこの言葉が巡礼一般に対する名称になった時に、巡礼に新たに「遍路」という表現が形成されたのであると。そのような諸寺院を現在のような順序に定めた古き先達《せんだつ》は、遍路に対して納札に署名するように指示している。「奉納　偏礼　四国中霊場　同行二人」。この「偏礼」という文字に「へんろ」という振り仮名を付け加えていることは、既に見たように、「遍路」は当時も慣用表現であったということを示している。後には、巡礼という名称あるいは現在最も多く使われている巡拝という言い回しになるのである。すなわち、「四国八十八ヶ所霊場巡礼同行二人」といったようにである。一方、古い形のものは箱の銘文に書かれたものが、現在まで保存されている。

八十八という数字が出てくる最初のものは寺の鐘（鰐口《わにぐち》）に見られ、文明三年（一四七一）からと言われている。それは土佐の国、土佐郡本川村の地蔵堂に見られる。銘文は風雨に晒《さら》されて大変傷んでおり、一部はもはや判読できない。そこには四人の名前、二人の男と女の名前が刻まれている。それは大旦那、すなわち仏教の信者の総代と呼ばれている人たちである。従って、既にその時代にはグループで、あるいは代行の遍路（代《だい》参《さん》）があったのであろう。[6]

少し後の正確な日付の分からない書物『宇和旧記』には、稲荷大明神（第四十一番札所）に関する一節があり、「四国八十八ヶ所の一ヶ所なり」とある。

慶安三年（一六五〇）の最も古い「札」、すなわち遍路の納札が発見された。それは松山の和気村にある円明寺《えんみょうじ》（第五十三番札所）の仏像の入った厨子で発見されたものである。それは青銅でできており、現在の四国で慣例的な札とは対照的に、上の方が山形に切られている。銘文は以下の如くである。

慶安三年　京樋（口）
奉納　四国仲遍路　同行二人
今月今日　平人家次

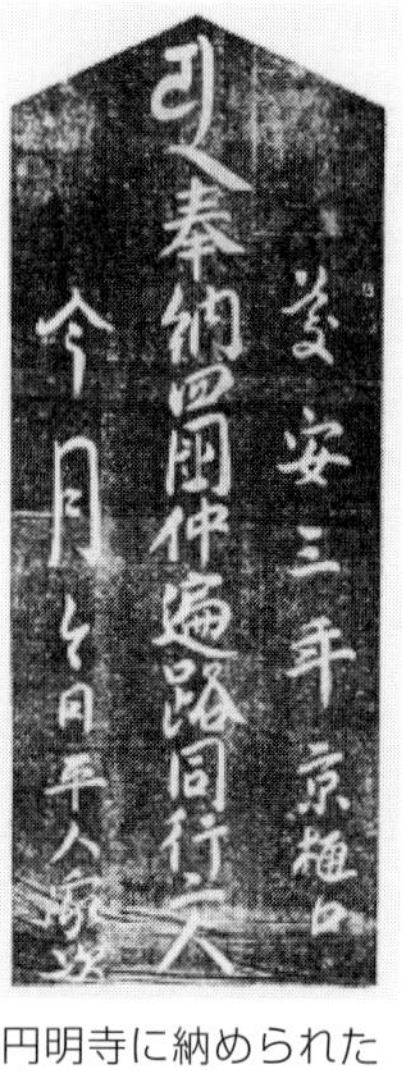


円明寺に納められた慶安三年の札※

ここには数字の表記が確かに欠けているが、従来の論述から考えると、八十八ヶ寺であったということが推察される。さらに私自身納得できるのは、寺院の鈴・鐘が多くの遍路による奉納の品物である、ということである。さらに三月という月の記述の納札も含まれており、多数の人びとが遍路を始める月日まで変わりがない。その札に「四国遍路」（八十八の数字の記述はない）とあるのは、四国遍路が第一次的であり、その変形が、さらに言えば八十八ヶ寺を補完することが、後に行われたことを伺わせるものである。

十七世紀までの、四国の寺院に関する散発的な確証を他の著作の中に見ると、寛永十五年（一六三八）から遍路の旅に関する最初の記述が見られる。さらに、空性親王のために菅生山《すごうざん》（第四十四番札所）の賢明僧正が執筆したものを見出すことができる。しかし、この記述は仏教儀式の唱歌（和讃）の七五七五調という韻律で各々の寺院、あるいは歴史的な場所を詩的なニュアンスによって感じさせるという特徴をもっている。しかるに、このように詩的にして芸術的な遊戯にしては、内容が少し短すぎるきらいがある。それに、残念ながら我々は親王の体験と同じほどの体験、あるいは当時の時代状況を体験することはできない。最初の十ヶ寺などについては短い韻文「十里十箇所打ち過ぎて」というように、その名前さえ挙げずにあっさりと片づけられている。その本は資料としてはほとんど評価されてはいない。

貞享《じょうきょう》時代（一六八四―一六八八）の終わり頃、また元禄期（一六八八―一七〇四）の初め頃に、たいていは高野山の僧侶が関わっているが、遍路に関する一連の著作物が現れてくる。それらは遍路の利便のために書かれたものである。従って、日常語に近い文体で書かれているので理解し易い。最も古いものは以下のものである。

『四国邊路道指南《みちしるべ》』……高野山の僧真念による。貞享三年（一六八六）に著され、元禄元年（一六八八）に刊行された。(7)この本は序文に、遍路についての規則と助言、大坂から四国の港までの渡航の船賃と各港の世話役の名前とが記されている。そして、札所から札所への道程も記されている。しかも大きめで美しい仕様で作られている。それに加えて、例えば方位のような記述、何処の方向に人家があるというような記述と説明、特に宇佐と須崎（土佐）との原野にいる野生の馬の説明、及び松山と内陸湖とにある見坂峠の見事な景色など、さらに三十三の説明図が載せられている。説話も若干散りばめられており、風景画があちこちに描かれている。現在ではかなり開発された久万地方は風光明媚に描かれている。また道後温泉に著者はかなり長く滞在していることが分かる(8)。

また、遍路に与える実用的な助言、例えば現存する場所のあらゆる必要なことについても忠告がなされている。というのは一番近い道程をとると、その間何も買うことができないことがあるからである。あるいは新たなる国に立ち入る際にはその都度、どこから、いかにして証明書類を調えるかとか、また河川が高い水位の時には第三十七番の札を川の渡し舟に差し出す、といったような指示である(9)。四国の最も高い山、石鎚山《いしづちさん》は毎年六月の初めの三ヶ日は一般に登頂が許されていた、ということがこの本で明らかとなる。この事に関して、現在登頂できる区間に初めて三つの鉄製の鎖が設けられたのは文化期であることが言及されている。

第二の著作、『四国徧礼《へんろ》霊場記』（七巻）は同様に元禄時代の初めにできたものである。著者である高野山の僧寂本《じゃくほん》は『四国邊路道指南』の序文があまり詳しくないことに言及している。従って、より一層加筆されるべきであるというのである。その本には各寺院の素描が掲載されているが、その素描で伽藍の構成、配置が紹介されている。また本文もさらに補充され、遍路の記述も正確である。

第三に、『四国偏礼功徳記』（二巻）は元禄三年のもので、既に見てきたように遍路の起源に言及し、二十三の奇跡の救済物語、並びに説話を掲載している。そこには最も古い著作も含まれている。多数の木版画の題材の一部は『四国邊路道指南』から借用されている。

『四国偏礼絵図』（宝暦１３年）（神戸市立図書館蔵）

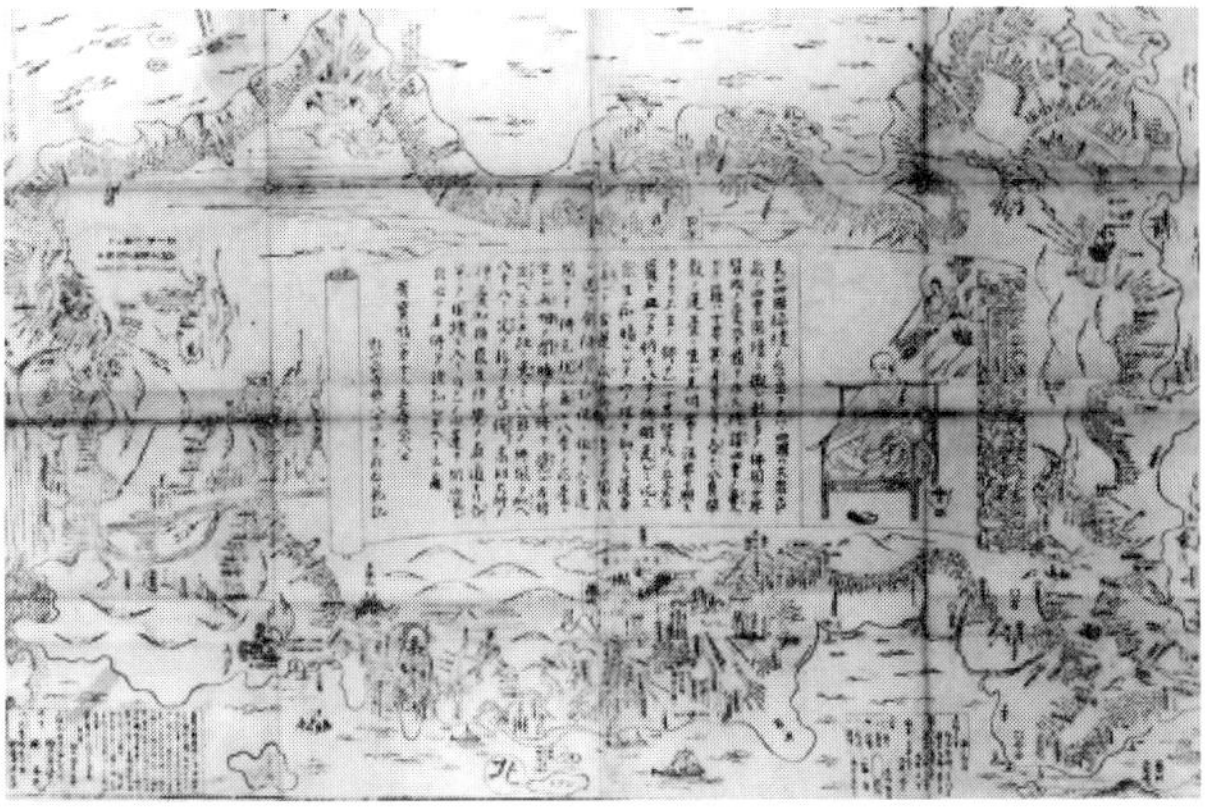

　上述の書物の多くはその時代にあっては相当に高価なものであった。例えば七巻本は銀五匁の値がした。私は財布には僅かしか入っていなかったので、当を得た小型の冊子を見つけた。それは『四国邊路道指南』で、その値段はたまたまというのではなく、明確に八十八文に決められていたのである。

　さらに『弘法大師賛《さん》議《ぎ》補《ほ》』（弘法大師の賛仰と説明の寄稿三巻）という本が『四国邊路道指南』に載せられている。しかし、この原本を見つけることはできなかった。

　一七六三年に『四国偏礼絵図』という遍路地図の最初の試みが現れた。著者は細田敬豊で、四国遍路についての地図がないのを残念に思い、その欠落を埋めるためにこれに取りかかったのである。

古い書物は手に入れるのがかなり難しい。というのは、遍路はその死に当たり、奉納祈願文や――少なくとも松山地方においては――三十三観音霊場の御詠歌を書いて束に綴じたものと共に書物は、通常棺に納められたからである。

後で私は、遍路に一般的な傾向を度々指摘する機会を持つであろう。例えば上述の諸著作、中でも『四国邊路道指南』を後述の著作と比較してみたい。遍路が利用する施設は後の本にも書き残されており、初期の著作のかなりの断片は言葉通りそのまま後の著作に受け継がれている。新しい著作は説話のように脚色された二次的なもの、詳細な景観の描写を次第に省略したもの、また入門書や手引き書は本来の目的に限られてくる、といった違いはある。文化期の案内書と天保期の案内書は――私の本著述に当たって、それらは多くのものを提供してくれたが――その大部分において貞享期の古いものと見解が一致している。しかし、それらが道中の事情に直接に触れていない場合には、風景描写はほとんどない。説話に関しては、それが主要な点で変わらずに引き継がれている場合には、〔文化期と天保期の案内書のうち〕どちらか一つは省かれている。

現在の案内書は、直接寺院の創建に関することは省略されていないが、それにも増して興味ある部分というのは、旅の準備や持ち物等々というものが論じられていることである。それは時代と共により詳しくなっていった。遍路が各寺院で祈りとして唱える御詠歌・真言をとりわけ正確に掲載している。同様に札所間の距離、宿泊施設が完備しているかどうかといった記述等々、路次に関する叙述は現在ではより正確になっている。霊場の創設者また再建者に関する記述もおそらく歴史的に正しく、さらに遍路の費用に関するものも完全である。それに現在の書物は、本の表紙が印刷された絵になり、リボンで綴じられている。

しかし、次の著作は例外である。それは一八九五年（明治二十八年）に松山で出版されたもので、『四国古跡遊覧名所誌』という表題となっている。確かにこの本は遍路の案内書を念頭において書かれたものであるが、それと並んで、三五〇頁もの膨大な記述、例えば他の寺院、戦場、歴史的な場所、『古事記』などの古い書物からの引用、そして『日本書紀』の、特に伊予地方の詳しい記述を掲載している。さらに四つの銅版画の他に、四国に関する書物二〇〇冊もの一覧表が載せられている。しかし残念ながら、それらは信用に足るものか疑わしきものかが吟味されずに、そのまま掲載されている。そしてまた、著者の後継者は、著者が所有し利用した全ての値打ちある古い書籍や古文書を反故《ほご》として売却したので、その本の中に含まれている記述を調べ直すこともほとんど不可能である。

四国地方における案内書の最も新しいものは、四国遍路道に沿う農業を描いている。それは一九二九年（昭和四年）九月に四国四県の農業協会から出版されたもので、また農業問題に関心をもっている遍路全てにとって一見に値するものであるが、特に数多くの共同組合の中でも模範的な農業経営をしている組合を取り上げる目的で書かれている。

本来の旅日記に関しては、先の空性親王のもの以外には次の三つが私の目にとまった。後で私はそれらについて度々触れようと思う。

一『四国遍礼同行二人』……著者は〈四国猿《さる》〉で菅菊太郎のペンネームである。(10) 菅氏は現在、松山の農業学校の教授である。一九〇三年（明治三十六年）に東京の「二六新聞」に載せられたものである。この記述は興味ある四つの観察を掲載している。大師の奇跡に関しては懐疑的であり、彼独特の合理的な説明を行っている。言語上際立っているのは、当時の文体と漢語的な表現とが混じったところである。それは現在ではほとんど使われなくなったものである。

二『四国八十八ヶ所同行二人』……著者は〈蟹蜘蛛《かにくも》〉といい、当時松山で「愛媛新報」の編集をしていた篠原のペンネームである。「愛媛新報」に一九二六年（大正十五年）九月から十一月までの間に掲載された。著者は多くの社会的な考察を行っている――彼は後に労働運動に踏み込んでいる――。多くの適切な力のこもった意見を取り上げており、最後は遍路に出ることを諦めている。というのは、彼は遍路に嫌気が差したようである。

三『四国遍路』……著者は富田斅純《こうじゅん》で東京の仏教高等学校、大正大学の教授、首都近郊の宝泉寺の住職である。その小型の本は一九二六年十一月に東京で出版された。また、他の記述のように日記の体裁をとっている。〔本書は〕特に教えられるところの多いものである。というのは、僧侶が観察した描写があり、数多くの新しい歴史的な観点が述べられているからである。

【註】

（1）古い文書ではそのように名前を発音している。現在では「えんのしょうかく」と読む習慣がある。しかし、「えんのぎょうじゃ」（えん＝隠者）の表記を使わない限りはそのように発音する。

（2）孔雀明王とは、澄み切った透明な孔雀の王で、孔雀に乗っている。一つの頭と四つの手を持った仏の相貌をしている。また、手に孔雀の羽を持っている形像もある。不動明王のような恐ろしい形相は邪心を克服する神聖を持つ位であるが、孔雀明王は恐ろしい形相ではなく、仏の慈母として描かれている。

（3）神道の神というのは、石鎚彦《いしづちひこ》の尊《みこと》である。

（4）シラーの翻訳による伝記は「五岳の雲」を考慮して名付けている。

（5）日本の書物に載せられているこの地方の写真は、残念ながら側面から撮られているので、五つの突起状の山は見えない。

（6）脱落のために翻訳不可能な刻印は、景浦直孝『伊予史精義』（一三八頁）から引用した。

（7）本書を西国巡礼に関する著作と比較してみると、三十三観音霊場に関する最も古い著作、つまり延宝八年（一六八〇）に出版された『西国三十三名所記』は本書よりもたった六年古いだけである、ということが分かった。他方、『西国三十三所観音霊場記』は享保十一年（一七二六）であるが、その後には安永五年（一七七六）に引き続いて色々な著作が出ている。

（8）『日本書紀』に見られるように「道後の温泉場」を景行天皇以来、別の家系の皇子たちが捜し求めていた。推古天皇の治世、聖徳太子もこの地に忝《かたじけな》くもこられた。『源氏物語』で語られている道後の浴槽はここにある。湯治場は五つある。第一は鍵湯（現在もなお存続している上の湯とは、記述において一致するのだが、おそらく土地の事情にあまり明るくない著者が、それを書き間違ったのであろう）、そこには世俗の人たちは入ることが許されない。そしてこの温泉には、薬師の石像がある。そのため足元に熱い湯が急流の如く湧き出ている。二番目の湯は女性のためのもので、第三番目は、男性の湯である。第四番目は、「命の恵みの湯」（養生）と呼ばれている。男女の別なくあらゆる地方から来る湯治客が、昼夜の別なく絶えずここにやって来る。第五番目の湯には、穢多《えた》といわれていた人たち（世間的には弾き出された階層の人たち）がやって来た。またそれは牛馬の類のための湯でもある。

（9）私は遍路の途上、土砂降りの後に、道標がはっきりと川床を指示している箇所にやって来た。そこには大人の背丈ほどの濁流がうねり狂っていた。幸いなことに、誰かが約四分の三キロ下流にある橋を教えてくれた。それで、私は遍路を続けることができた。

（10）〈四国猿〉は綽名《あだな》である。おそらく昔は多くの猿を追い立てていた人で、四国、特に徳島出身の人が多かったところからその名が由来しているのであろう。彼らは料簡が狭く、ほとんど独特なものを持たなかったが、ただ人真似が得意で、それがために四国の住民には評判がよかった。

# 第二章　札所寺院

## 第一節　四国における札所寺院の数とその分布、修行の位階

寺院の八十八という数字が決められたことについては若干の学説がある。最も考えられそうな説は、八十八の寺院は感情の混濁、八十八の激情（煩悩）を意味するというものである。[1]遍路は寺院から寺院へと巡ることによって、また修行を果たすことによって、このような煩悩から順次解放されるのである。そして、遍路は第八十八番目の札所から自由になって、〈蟹蜘蛛〉が意地悪くも述べているように、その間に新たに大きな不幸が遍路を襲わなければ、願いが成就され家に帰ってくる。

仏教学者が好む別の解釈は次のようである。すなわち、弘法大師は中国において八つの有名なインド仏教の寺院から土地を頂いた。このことが四国で八つの寺院が建立されることにつながった。つまり、この数字の〔十一倍※〕の寺院が定められて建立された。そしてそこで遍路が生まれた、というのである。しかしながら、この説は次のことを前提としている。すなわち、空海が

四国霊場第一番・霊山寺の山門

実際に遍路の創設者であったということである。しかし、我々が既に見たように、そのことは歴史的事実とは一致していない。

　最初に挙げた説の他になお、米という文字を分解すると、八十八になるという考えが、数の設定の際に働いたのではないかという説がある。この解釈は、多くの遍路がその納札に五穀豊穣の祈願を記入したことから推察すると、それだけに上手く全体像に適っていると言えるであろう。米はまさしく最も重要なものである。最後の解釈は、八十八という数字は男と女、子供の厄年《やくどし》（四十二、三十七、九あるいは四十二、三十三、十三）の合計を表している、というものである。この説はヨーロッパ的観念の浸透を表しているが、特に注目すべきものである。というのは、不吉な十三[2]という数字は日本人にとっては元々馴染みがないからである。

　今日、遍路は徳島の板東地方にある霊山寺《りょうぜんじ》から始まる[3]。これらは既に古くから伝承されている書物に見られる順番である。これは、空海が京都からこちらに到着して太龍寺《たいりゅうじ》（第二十一番札所）に滞在し、そして四国の各地を巡錫《じゅんしゃく》した、ということに基づいている。この順番は元禄時代（一六八八―一七〇九）まで定まっていたわけではない。というのは、元禄時代初めに出された『四国偏礼霊場記』では空海の誕生地、現在の善通寺（第七十五番札所）から遍路に出かけるように記している。もしこの希望が叶わない場合は、霊山寺から阿波、土佐、伊予、讃岐の地方を廻り、そして最後の国の大窪寺《おおくぼじ》を最終の札所、つまり願いが成就された地としてもよく、その数〔と順番〕には必ずしもとらわれなくてもよかった。というのは、遍路はこの厳格な順番で廻り終えることが決められていたわけではないからである。さらに、遍路を特定の寺院から始めることも決められてはいなかった。遍路は二、三の寺院を抜かしてもかまわないし、そしてまた後で戻ってもよい。さらに、逆の方向に廻ることもできた。精神的、身体的な御利益はそのことによって少しも減ることはないからである。

それぞれの地域における札所寺院は次のように配置されている。

阿波（行政区域　徳島）　一～二十三番　二十三ヵ寺
土佐（行政区域　高知）　二十四～三十九番　十六ヵ寺
伊予（行政区域　愛媛）　四十～六十五番　二十六ヵ寺
讃岐（行政区域　香川）　六十六～八十八番　二十三ヵ寺
〔六十六番は行政区画では徳島県になるが、札所の順路では香川県に入れる場合が多い〕

## 阿　波

阿波には特に重要な十の寺院が密集している。第一番から十番までは、ほとんど六里（二四キロ）と離れていない。それで、その地方の住民はこれらの寺院を一日遍路といって、あちこちと訪れている。十のうちどれ一つとしてあまり高い山にはない。人びとは第十番の寺院・切幡寺《きりはたじ》からもう一度吉野川の渓谷や青い山の美しい景色を楽しんだ後、渡し舟で川を渡って行く。その川幅は九〇〇メートルを超える広さである(4)。そして、間もなく第十一番札所に到着する。第十二番の札所・焼山寺《しょうさんじ》はかなりの高さで、六、七〇〇メートルあるが、次の札所はほぼ平地にある。我々は谷を下って歩き、曲がり道を上って地方都市、徳島に至る。

　空海の母の墓所、情緒豊かな天守閣のある恩山寺《おんざんじ》を訪れた後、また小松島海岸のそう遠くない場所にある寺を参詣し、次の札所へ向かう。第十九番の札所・立江寺《たつえじ》から再び山道を行く。次の札所は少し離れているが、子供が容易なことから難しいことへと導かれていくように、遍路もまたゆっくりと徐々に努力して慣れていく。遍路は御詠歌と祈り方を学ぶ。さらに道中の苦労は二十番目の札所と二十一番目の札所、鶴林寺《かくりんじ》と太龍寺《たいりゅうじ》でその豪華な伽藍の光景に出会って報われる。遍路は、このほんの僅かな旅で満たされ、自然の魅力的な趣に再び己を見出す。道中の至る所で新鮮な泉が彼を爽やかな気分にさせてくれる。

　鶴林寺と太龍寺との間では美しい那賀川の渓谷が元気をとり戻してくれる。太龍寺の裏山では遍路は時に雨に打たれて、水の滴る石窟に入って行く。また、龍のような洞窟へと入って行くこともある。その中で遍路に氷のように冷たい息吹きがかかってくる。一方、ちらちらと燃えている蝋燭の灯りの中に湿りを帯びて仄かに光っている壁に、足元を渦巻いて流れる渓流のざわつく音が百倍にもなって反響してくる。さらに快適な渓谷を進んで行くと、そこで遍路に柔和な手で、お茶を差し出してくれる人がいる。ついには静かな太平洋の巨大な鏡が眼前に光って迫っている。また、日和佐の薬王寺（第二十三番札所）の石段を登って行き、眼下に綺麗な町や港町を見た時、遍路には発菩提心《ほつぼだいしん》、敬虔な心の目覚めが起こってくる。

## 土佐

遍路が土佐を訪れようとすると、突然別人のようになってしまう。風景は限りなく遠くへ広がり、湾岸沿いの道は海に沿って伸びている。霊場に到達するには長い道程である。再び〔元の道に〕帰ってくると、しばしば丸一日か、あるいはむしろ数日過ぎているのである。それで薬王寺から一番近い札所まで二十里（八〇キロ）以上も進まなければならない。土佐の道は総遍路道の三分の一以上あるが、この地方の十六の札所は総数の〔五分の一弱＊〕に過ぎない。そのため、遍路は以前には大変困難な目に会っていた。ある箇所では海岸の岸壁の所で完全に止まってしまわなければならなかった。それで、人びとは衣の裾《すそ》をまくり上げて岩を越えて歩き廻らなくてはならない。そこは、いつも石が荒々しい海の砕け散る波に洗われている。ごく僅かな過《あやま》ちでも滑《すべ》る事

「飛び石刎ね石」（『四国遍礼名所図絵』より）

態に陥ってしまう。不注意な遍路を塩辛い海水の中へ今にも滑り落とそうとしているようである。「飛び石、刎《は》ね石、ごろごろ石」と、人びとはその危険な場所を呼んでいる。

現在、土佐人は遍路が通る道を良い道と自慢するが、そこで、遍路が見るのは、まだまだ道の悪さである。人が自らをのみ頼りとしてなお先へ進まなければならない時には、どんな道も決して快適ではない、ということが分かってくる。土佐ではこのような面倒なことが遍路に起こるのである。つまり、遍路にとっては免《まぬが》れない困難が土佐にはまだまだ残されている。第三十七番から第三十八番札所までは七時間もかかる。かつて遍路が数えたという四八八ヶ所の骨の折れる登り坂は、大部分が土佐で占められている。弘法大師自身でさえ、伝説によると同情の念を寄せている。また、宇佐から中の浦との間には、「御免の渡し」と呼ばれる渡し舟が許されたのである。それは遍路にとって極めて辛い道の一部分、つまり八つの登り坂（八坂）というものを省くためである。色々うんざりとすることに加えて、さらにもう一マイル〔一・六キロ〕の距離というのは、実際にはそれより長いものになるのである。阿波では四十八町が一里であったが、土佐は五十町が一里である。

〔土佐では〕あらゆる困難において強くなること、困難や抵抗に惑わされないこと、また変化に耐えうること、そして遍路の立場を堅持するという信仰に目覚めた心が肝要なのである。たとえそれが侮辱や恥ずかしいことであっても。奇妙なことには、他の地域とは道と風景がそれぞれ違っているだけではなく、遍路に対する人びとの行動の仕方も変わっているということである。

土佐の港は切り立った岸壁を背後に深く入り込んでおり、隠れるように横たわっている。その狭い湾口、それは土地の事情に明るい漁師でさえも嵐には驚き、たちまち入港を仕損じてしまう入り江、それに似て土佐人の性格は奥深さをもっており、また容易に打ち解けてはくれない。岩礁は強固で、その上意地悪にも海の中に突き出ているのである。そのような土地の人は差し当たり、見知らぬ人に対して敵のように振る舞う。太陽は海面を熱く、ぎらつき照らす。南方からの海流が海を温める。熱くなればなるほど、また土佐人の気は高ぶり、より大胆により恐ろしく彼の眼はほのめくのである。計り知れない大海原に精神的な眼差しを向けるが如く、肉体的な行動につながっていく。つまり、世界の海との格闘でその大胆さが形作られるのである。──それは責任への勇気、かといって賭博師の大胆さではない──差し迫っても、いつも島が眼前にあるような内海とは別である。もし、堤防で守られている港から一度こちらへ来てみると、このようなことが分かるであろう。

「あとで、よりつく、しまなし」（以後、寄港する島は、もはやない）

「航海が大事だ、生きることは大事ではない」〔アントニウス・ツデルティヌス〕

アワビ、サザエを採集する彼らは毎日毎日、生命の危険を冒して仕事に専念している。その人にとって、人の生活とはどんな意味をもっているのだろうか。他人に目を背け、自分はあらゆることにおいて最高の愛国者だと自負している。強い愛情、向こう見ずな決断、それに加えて活力があり、あらゆることに英雄的に熱狂する。このように、土佐の人たちは見られている。また、土佐は偉大な政治家たちを輩出した国でもある。

しかし、〔土佐は〕また人殺しの国でもある。遍路は「鬼国」と現在もなお昔のように呼んでいる。彼らは六十年ほど前まで三番目の子は次々に死なせていたという、戦慄すべき残忍な「三人っ子」という制度を実施していた。住民は現在もなお彼らの身体的な強さを、この「三人っ子」によるものである、と思っている。遍路は鬼国と言い、既に耳にしたことのある次のような一節を繰り返す。

「土佐は　鬼国　宿がない」

〈四国猿〉は二十六年前に次のように書き記している。「土佐の人たちは大師に対して極度に無関心であり、慈悲の喜捨《きしゃ》などは滅多にしない。宿屋の主人たちは男も女も皆、船頭と同じく、実に金銭欲が強い」と。そして、「それは敵国で遍路するようなものだ」と私にかつて語ってくれた。遍路の被る菅笠の㋣は、土佐出身という印であるが、それは滅多に見られない。

仏教は土佐の住民には性格的にごく僅かにしか気に入られていないらしい。明治維新後、四国のどこよりも、ここ以上に仏教が迫害された所はない。にもかかわらず、鎌倉時代からの古い建物が破壊欲の強いあの時代を生き延びたというのは不思議なことである。二、三の価値ある国宝が、僧侶によって早めに避難させられたので、それが残されているのである。土佐は弘法大師の山岳仏教の精神に反して、遍路の札所を明治維新後、都市に移した唯一の地方である。それは元々の札所の場所を清らかな神道の神社に譲ったためである。
そうした弾圧の結果として、多くの寺院は今日でもかなり荒廃している。——日本人はさびしいと言う——そして今徐々に回復し始めている。ところが、現在に至るまで、弘法大師によって歴史的にも尊重されて現存する東寺〔最御崎寺《ほつみさきじ》〕と高知の五台山・竹林寺の豪華な国宝は徹底的に品位を傷つけられ、毀損されている。岩本寺《いわもとじ》（第三十七番）は古くは五社と呼ばれ、五つの大きな仏像を安置する豪華な殿堂を持っていたが、その建物と寺の地所は奪われた。そして、他の場所にある別の寺院に堂宇を建てて移転しなければならなかった。その本堂は今では金属の薄い板で葺《ふ》かれた屋根になっているが、全くみすぼらしい印象を与えている。

当時、土佐へ遍路するということが、いかに無謀であったかということは、次のことで分かる。長い間遍路は土佐に踏み込んではならないと言われており、〔阿波の〕第二十三番の寺院で土佐の諸寺院に対して文字で書いた納札を出し、そこから土佐を〔避けて＊〕進まなければならなかった。その上、ある時には土佐の管区で、ある決議が忠告としてなされていた。それによれば、生活に必要な資金の蓄えがあることを証明できるような遍路のみが、入国を許されたというのである。実際に遍路追放費として必要なお金が予算に組み込まれていた。

現在では遍路は確かに支障なく〔土佐の〕国を歩き廻ることができるが、依然として遍路は重んじられてはいない。遍路の杖を持つ人や衣裳を着けた人は、私がそうであったように、土佐ではきちんとしたどの旅館でも断わられることがある。私自身そのことを体験しなければならなかった。「まっぴら」「つかえていません」と判を押したような返事が返ってくる。

遍路に出かけようとするには、土佐では次のことを考慮に入れなければならない。自分で責任を負わなければならないこと、そして木賃宿を自分の宿としなくてはならないこと。私のように夏にしか遍路をすることができない場合、人は私に起こったように「蚕《かいこ》を飼うのに忙しいのでお世話できない」と、断わられることを覚悟しなければならない。宴会のために部屋中いっぱいに広げられた蚊帳の中で、豪華に盛り付けられた御膳を目の前に、生つばをのんで宿をあとにし、夕暮れの中を疲れた重い足を引きずって、なおも高い山を越え、谷を渡って進む。何とか念願が叶ったと思ったところで、また旅館の廂《ひさし》の前で冷たく断わられ、次の寺院でやっと二切れの薄い沢庵を前に座った時には、人はほっとするに違いない。というのは、後からやって来る道連れは、同じような夜を浜辺で貝や蟹たちに囲まれ、広々とした空の下で過ごさなければならなかったからである。

二つの弘法大師伝説では、空海は残酷な人びとを処罰している。それがよりによって土佐で生まれているのは偶然だろうか。〈四国猿〉によると、一九〇一年に土佐の津照寺《しんしょうじ》（第二十五番）で、遍路とこの寺院の僧侶たちとの間で大乱闘があった。僧侶たちは遍路に布施を無理強いしたらしいが、それは実際のことだったのであろうか。同寺院では通常の料金の他に、「新しく建てる鐘楼の瓦に十銭」を私に要求するとでも言うのだろうか。遍路は、「土佐の国を旅する」期間中に幾重にもわたって実に骨の折れる試練に立たされた。それは、現在もなおそうなのである。

昔、鬼国の話は遍路に伝わり、信仰心による接待で差し出されたせっかくの牛乳も、いかに台無しにしたかが、次のことで分かるであろう。〈四国猿〉によると、多くの遍路は第三十九番の宿毛《すくも》の延光寺《えんこうじ》を後にした時、美しい港町でまたもや一度屈辱を体験しなければならなかったということである。すなわち、遍路の宿泊所は現在もなお橋の向こうの郊外にあるが、旧街にある安宿さえも彼らには宿泊所が提供されなかったからである。

遍路は、土佐と伊予との境にある松尾坂を登って行って、宿毛の無数の小島と共に、造化の妙を感じさせる砂嘴《さし》と幾重にも重なっている細長い入り江を眼前にしても、この上ない素晴らしい展望に目を向ける余裕すらなくなっている。つまり、私は土佐に背を向け、衣服を引き上げ、それから鬼国に対して悪臭芬芬《ふんぷん》たる記念物を残したのである。遍路は土佐を背にする度に、それまでの苦労が軽減されて一安心するのである[5]。

松尾峠の眺望（『松浦武四郎紀行集』より）

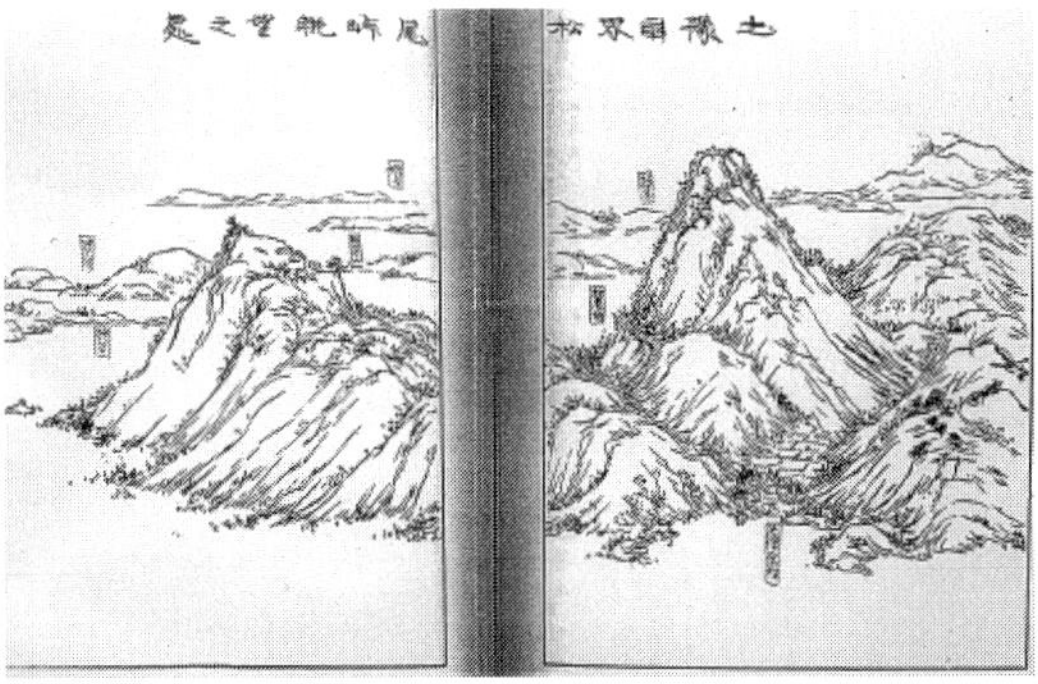

## 伊　予

土佐の最後の町である宿毛の家屋はどこか陰鬱《いんうつ》な印象を与えるが、伊予に到着して最初に目にする村は、戸と框《かまち》とが全く明るい紅色で塗られた家の町並みである。南の地方にそれが残っている。人びとは親切で我々の挨拶に対して簡潔に返事をしてくれるだけではなく、最初から手短に「はい」と、土佐で聞いた返事を返し、さらに続けて話をしてくれる。そして、しばらくの間、人びとに耳を傾けて満足する。また、土佐の人びととの手短で明確なきちっとした発音と、伊予の人びととの心地よい、ゆったりとした話しぶりとの違いに気付くだろう。例えば私は、「有難うございます」を美しい調べに似たように、色合いをもって喋っているのをここ以外の土地で聞いたことがない。もちろん、「なもし」[6]という磨きのかかった幾分飾った話しぶりもしょっちゅう用いられている。伊予の人びとの快活な性格を特徴付けるのにはそれだけで充分であろう。

この地方の大部分は狭い入り江に沿って広がっており、各々が素晴らしい美しい自然公園である。それに住民の明るく、しかし瞑想的な性格を考えてみるならば、伊予は詩人の国である。特に、「俳句の国」というのは不思議ではないだろう。子規、虚子、碧悟桐《へきごどう》を世に送り出したのであるが、日本の詩のこのような貴重なものはどこで育成されたのであろうか。確かに、伊予の住民には偉大な人物が欠けていると言われる。それでも、日本の偉大な劇作家、近松門左衛門は母方が伊予・松山の出身であった。しかし、北の方の地域、今治近辺[7]ではほとんど冒険心を欠いていると言われる。

遍路は伊予に近づくと嬉しくなる。確かに、遍路はここでまた多くの峠を乗り越えて行かなくてはならないし、多くの険しい山頂をよじ登らなくてはならない。孤島や石鎚の高い山頂に登頂することを遍路に強いはしないとしても、いかに多くの遍路がそのことをなしていることか。遍路は信仰を支えとして生きているのである。また、寺院は実によく整備されていて、親切な僧侶は個別に指導を尽くしてくれる。ある寺院では、たとえ早朝であろうとも、遍路が呼び止められて宿泊することを懇願されることもある。そして、そこでは信仰の真摯な気持ちを高揚させるために接待がなされる。例えば、宇和島からそう遠くない仏木寺《ぶつもくじ》、小松の香園寺《こうおんじ》などがそうである。(8)

土佐での弘法大師伝説は、大師に芋や貝を与えなかった薄情な女について、また大師の祈祷修行を妨げる鬼について語ることができたのに、伊予ではその弘法大師伝説は、大師を牛の背に乗せて山を越える老人の、また大師が子供の急難を助けてやった婦人の、あるいは海難から救った観音などの話について語っている。霊場の他にも大師に関する伝承が多くある。それによると、大師が生木に仏像を彫り込んだ。すると、そこには泉が湧き出て来た。そこで大師は、三十七歳あるいは四十二歳の時、厄年の厄を祓《はら》うために、再び護摩焚きと他の儀礼とを行った。

通常の札所の他に、遍路の大多数は伊予にある番外と呼ばれている寺院を訪れる。それは大洲(9)の華麗な出石寺、第六十五番札所・三角寺の奥の院、それに昔から女人高野と呼ばれている素晴らしくまた重要な仙龍寺である。全ての遍路はそこで宿泊し、そして毎晩護摩焚きの儀礼に参加する。「伊予の人びととは最も情け深い人たちである。情け容

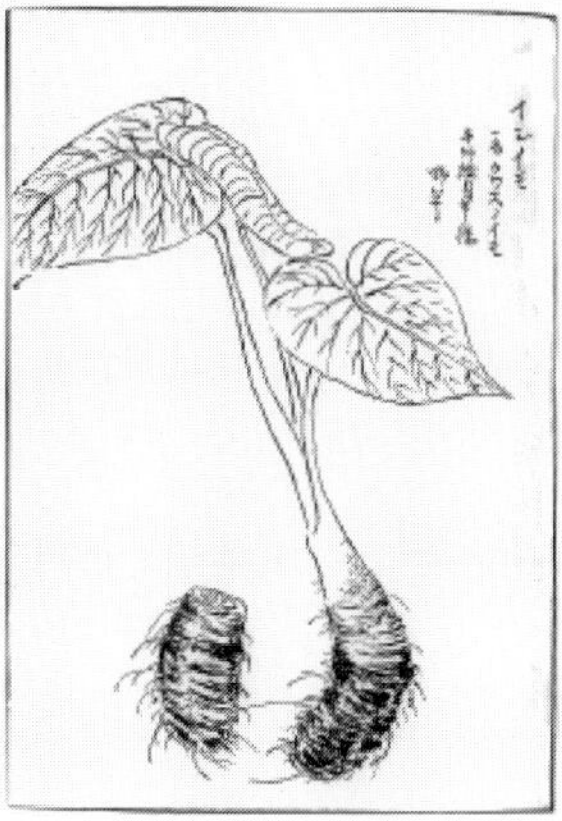

喰わず芋（『松浦武四郎紀行集』より）

結願の大窪寺山門

赦ない土佐からやって来ると、人は第一歩からそのことを感じるのだ。安宿の女中や女将、路上を往来する人たち、彼らは皆非常に親切である」と、東京在住の俳人伊東牛歩が先日（「大阪日々新聞」一九二七年）遍路からの帰りに再び語っている。[10] 彼はこの遍路を毎年一度はきっと行う、という。

## 讃岐

仏教の精神が住民の間で非常に強い所では遍路の信仰も強められている。遍路が土佐で耐え抜いたその修行は何らかの成果をもたらす。今や遍路は菩薩の境地に到達し、覚者となる。そして、さらに成就に至る短い間、なおも続けられ涅槃に入っていく。[11] 讃岐の道程は三十六里（一四〇キロ余り、伊予と讃岐の一里は三十六町）で、全行程のほぼ九分の一ほどで、余りにも短いものである。しかし、ここには多くの霊場があり、歴史を通じてまた記念すべき伝承が豊富である。私たちは大師の全生涯をいわばもう一度見渡すことになる。そして、大師の故郷へと歩み入る。

弥谷寺《いやだにじ》（第七十一番）で威厳に満ちた冷気あふれる洞窟の中に足を踏み入れる。そこは大師が修行に専念したところであり、またそこには両親の肖像がある。それは大師自身が後世に残したものである。出釈迦寺《しゅっしゃかじ》（第七十三番）に立ち、高い岸壁の上から眼下を覗き見ると、そこには伝説だが、大師が七歳の時に岩壁から谷底へ飛び下りると、雲に乗って姿を現した釈迦牟尼によって受けとめられ、元の場所に導き戻された、という話が〔寺の縁起〕に描かれている。

記憶すべきはもちろん善通寺（第七十五番）である。そこは大師誕生の寺であると共に、仏教徒である遍路たちが崇拝する気持ちを強く表すのを怠らない場所である。さらに漁師たちの強烈な保護による金比羅宮、血なまぐさい戦いの証しである屋島へ、そして五剣山へと続く。それは、天から降ってきた五つの剣のように、そそり立った岩角である。やがて第八十八番目の寺院、撞《しゅ》木《もく》がぶら下がったような大窪寺に至る。遍路が大窪寺を背にする時には、安心して死を迎えることができるという。あらゆる箇所の霊場を廻ったという印の白い衣を身につけて、遍路は確かに涅槃へと赴くのである。

# 第二節　伽藍、宗派別の札所寺院、本尊

## 一　伽藍

私たちは道標なしに寺院への道を辿ることはできない。幸いなことに信心の篤い人たちがほとんど至る所の、道の曲がり角に道標を建ててくれている。時折発起人の名前と、遍路にとって都合の良いようにと方向を示した印が付けられている。また、卍《まんじ》〔寺を示す印〕と方向を示す手を描いた小さな荒石が置かれている。しかし、重要な所には約一メートルの高さの四角い、距離の

数字が標示された石がある。碑文やその筆跡は日本の気候の下では大変早く風化してしまうが、どこかのお役所が関わったということもなく、いつも元通りの姿に保たれている。それは遍路に対して大変親切な人たちが、杖と念珠を持つ代わりに、あたかも筆とインク壺を持って、四国中の遍路道を廻るようなものである。

〔私が〕心打たれたのは、遍路の途中で、四国中で最も標高の高い寺院の辺りに至った時、小道が突然に谷の方へ向かっていたので、上の方にあるはずの寺への道を探した。そして目当ての寺院を諦めなくてはならなかったような時にも、敬虔な女性が普通の道標に菱形の板を打ち付けていてくれたことである。そこにはこのように書かれていた。「ここから！　うえは　へんろみちあらず」と。

私たちは遠くから伽藍全体をほとんど見ることはできないので、道標は寺院に最も近い所に至るまで不可欠なものである。寺院が高い山の上にない時には、どこか谷の端っこに隠れている。寺院は決して町にはないし、[12]第十九番札所のように小さな市場町、あるいは板東の第一番のような村の中にあるのは珍しい。なお〔阿波の〕板東はドイツ兵の捕虜でよく知られている。

伽藍において遍路の札所と札所以外の建物とは区別されていない。最初に二体の仁王が立った

遍路道の道標

門が見られる。その門の前には奉納された無数の草鞋《わらじ》が吊ってある。特に本山寺（第七十番札所）の門はその簡素な建築様式が美しい。その門は鎌倉時代に建てられたもので文化財として保護を受けている。一方、石手寺と太山寺（第五十一番と五十二番札所）の門は両方とも同様に文化財になっており、豪華に飾られた徳川時代の様式で建てられている。特に讃岐では、しばしば鐘楼と仁王門とが建物として一つになっているのが見受けられる（第六十五番札所、第八十七番札所などで）。

第五十一番・石手寺の山門

寺院が平地にある所では門を通り抜けた所に伽藍の全容が現れる。それで寺院を一望することができる。それに反して、山にぶら下がるように、あるいは山の頂上にある場合には、高い石段によって互いに分けられている。そして門をくぐって歩み寄った後にも、かなりの勾配を上らなければならない。入口からそう遠くない所に手水鉢《ちょうずばち》や小さな屋根で覆《おお》われた石造りの桶《おけ》が置いてある。その上には小さな

仁王門に吊された鐘（第八十七番・長尾寺）

第八十八番・大窪寺の本堂

日本手拭いが風に翻っている。また、花ぶさの形をした美しい銅製の盥《たらい》が、その周りには水を吐く龍が上の方へと巻き付いている。人目につくのは長尾寺（第八十七番札所）のそれで、横たわっている牛の上で休息している形のものであるが、それは分厚い三角形の茅葺き屋根の影が落ちる水盤である。

ところで、最も重要な建物は本堂と大師堂である。本堂は大部分、平屋建てである。二階建てのものを私は二ヵ所で見たことがある（第十五番札所と第七十八番札所）。以前は平屋建てが大部分の建築を代表するものであり、神道の社殿も例外ではない。鎌倉時代の貴重な平屋様式が保存されているのは稀なことである。そのような建築は文化遺産として保護されている。しばしば徳川時代の高く聳える屋根があるが、屋根の破風《はふ》の真下にバロックを思い出させるような透かし彫りをもっているものはめったにない。その屋根の破風は、さらに一種の独立した庇《ひさし》の方へと拡がっている。様々な建築物を比較して見ると、まさに軒の真ん中から破風が外へと延びているのを目で追うことができる。その軒はついに遍路の最後の寺院、大窪寺のように梁《はり》の線に到達している。

本堂には本尊が安置されている。たいていは彫像で、厨子の中に収納されている。第六十八番の寺院は本尊が描かれているのみである。この肖像画は通例、厚手の幕で覆われおり、ただ特別の祭礼の時（開帳）のみ見ることができる。珍しいことに、第六十四番の寺院では二つの本堂があり、一つは女性の、他は男性のために使われる。

大師堂は通常本堂よりは小さい。それは名前の如く弘法大師への崇拝を表すために奉納されたものである。従って、他の寺院でいう創建者の記念に建てられた礼拝堂（開山堂）に相当する。それはいつも力強い正方形の輪郭をなしている。一方、大部分の寺院の屋根は丸い柱頭に集約されている。多くの遍路の喜捨によってこれらの建物は建立されている。

鐘楼堂のすぐ近くには先に言及した仁王門があり、鐘楼には公開されているものと、非公開のものとが区別されている。各々の所には鐘が梁《はり》にぶら下がっており、鐘はほとんど目立たないが、しかし悪天候に備えて大事に保護されている。非公開の鐘楼はかなり珍しい。例えば、第二十四番と第五十一番の札所にそれが見られる。

二、三の札所霊場には薬師堂がある。それは遍路などの病を癒すのに大きな役割を果たす仏を祀っている。山岳寺院、また空海の誕生寺院には、一種の地下回廊があるが、それはこの寺院の奥の院に相当する。第四十五番と第七十一番の札所では、それは洞窟になっており、古い時代には儀式を執り行うのに使われた。

八十八ヶ所の五分の一ほどには塔がある。長尾寺（第八十七番）には一層の塔、及び鶴林寺（第二十番）には三重塔と、また本山寺（第七十番）、善通寺（第七十五番）には五重塔が見られる。さらに第八番、第十九番には、他の寺院のように尖端の丸くなった部分に人目を惹く宝物塔（多宝塔）が見られる。太龍寺（第二十一番）はその高い場所にもかかわらず、普通の多層塔と同様に多宝塔を所有している。建築上、最も興味あるのは文化財保護の下に置かれている三重塔をもった石手寺である。大きな仏塔を持たない寺院では通常石造りの模造を設置している。

なお、稀に四国では経典を納めた六角形の倉庫（経蔵《きょうぞう》）(13)があり、私はそれを三ヵ寺で見つけることができた（第十七番、第二十番、第二十一番）。それに対して、他の寺院では美しい回廊（第六十七番、第七十五番）、華麗な宝物庫（第七十五番）が見られた(14)。

全体として次のように言えよう。二、三の例外は除くとして、八十八ヶ所の札所寺院は、京都や奈良あるいはその近郊の寺で目につくような、華麗さや壮麗さに欠けている。しかし、それらの寺は地方にあって、慎ましく、それ故に同じように魅惑的なのである。とりわけ、それらの寺を取り囲む自然が魅力的である。二、三の例を挙げると、小松尾山大興寺《だいこうじ》（第六十七番）の回廊にはその前に立つ銅像があり、ギリシャ的な美しさを放っている。その美的な眼にうっとりさせられるに違いない。一方、午後の日差しを受けて輝いている恩山寺（第十八番）の山腹にある霊園は、その趣のある平穏さにおいては、高野山にある大名の墓をはるかに凌駕するものである。

第七十五番・善通寺の回廊

## 二　宗派別の札所分布、祀られている本尊

八十八ヶ所全てが真言宗の下にあり、遍路はこの宗派の開祖に帰せられると一般に受けとめられているのではなかろうか。しかし、そうではない。〔西国〕三十三の観音霊場は、三つの違った宗派に所属しているが(15)、遍路をする時に見られるように四国の寺院には、〔四つ＊〕の宗派が含まれている。さらに、真言宗の寺院でも、その下にある古い宗派に属している寺は多数に上っている。

このことについては詳しい研究が欠けているように思う。大部分の記録は主として大火、その他の災害で消失してしまった。しかし、これに対処するのに、拠り所となる第三十三番札所・雪蹊《せっけいじ》寺の例を引き合いに出すことができるであろう。その寺は元来、保寿山高福寺という名前で真言宗に属していた〔その後、運慶・湛慶の仏像が奉納されたことから慶雲寺と改称された〕。ある時期、荒廃に陥ったが、長曽我部元親《ちょうそかべもとちか》の支配の下で修復され、元親自身の、また親族の祈願寺、菩提寺となった。その後、真言宗から禅宗に改められている〔元親の死後、法号にちなんで雪蹊寺となる〕。現在もなお禅宗に属している(16)。

現代における宗派の分布は次のようである。

真言宗　　八十
天台宗　　四（第四十三番、七十六番、八十二番、八十七番）

禅宗　　　三（第十一番、十五番、三十三番）
時宗　　　一（第七十八番）

真言宗の寺院に関しては以下のような内訳になっている。
古義真言宗　四十七
新義真言宗　二十五
真言（小野派、東寺派、醍醐派）八

祀る本尊は薬師、観音像が多数である。本尊は以下の通りである。
薬師如来　二十三ヵ寺
観音菩薩　二十八ヵ寺
阿弥陀如来　十ヵ寺
大日如来　六ヵ寺
釈迦如来　五ヵ寺
地蔵菩薩　五ヵ寺
不動明王　三ヵ寺
虚空蔵菩薩　三ヵ寺

弥勒菩薩　一ヵ寺
文殊菩薩　一ヵ寺
毘沙門　一ヵ寺
馬頭観音菩薩　一ヵ寺
大通智勝如来　一ヵ寺

真言宗で中心的な存在である大日如来は六ヵ寺で本尊として祀られている。他面、真言宗においては、ほとんどその役割を果たしていない仏、大通智勝仏のような仏も本尊となっている。一風変わったものは馬頭観音、「奇跡的に馬の頭を持った如来」が第七十番の寺院の本尊である。それは馬の頭を持った観音菩薩の彫像である。弘法大師の作と思われており、国宝になっている。[17]

観音、薬師の数は他の仏をはるかに超えている。というのは、それは寺の古さを示すものである。観音像、薬師像は日本で古くから広まっており、既に弘法大師が教化を始めた頃にはその信仰は盛んであった。[18]そのように観音像は遍路とは関係なしに、中国、チベットと共に日本全土において広く普及していた。ダライ・ラマは観音の化身とされている。他方、中国では観音信仰は今日まで民衆仏教の中心とされている。南方の島での観音像は座しており、呼びかけると人間の声に耳を澄まし、並はずれた魅力的な力を内在する形姿をしている。特に、男性形から女性形の仏に変貌したその姿が注目される。

明らかなのは、病を治す薬師はより速く民衆の心に至る仏として、阿弥陀や釈迦と同様にみなされた。それは仏身についてのより高度な解釈を要する。民衆だけではなく宮廷内においても、現世での病や他の苦しみからの救済には、このような直接的な宗教理解が有効であった。田中海応は日本の薬師信仰についての研究に骨を折った人である。古い年代記を調べると、宮廷内で病気が発生した場合、儀礼に則って薬師像が奉納され、また薬師経が読誦《どくじゅ》され、写経されたということが分かった。国分寺は聖武天皇（在位七二四―七四九年）の命によって全国に建立され、そして最初に薬師像が祀られた。奈良の大仏はその総本尊と呼ばれた。他方、各地の寺院は一丈六尺（約五メートル）の高さの薬師像を安置した（越後、摂津、讃岐、土佐の後に修復されたものは例外とする）。従って、四国の札所寺院の四分の一以上が薬師像を祀っているというのは、そう不思議なことではない。

観音寺院についての最近の研究によると、興味ある事実が見られる。それは山岳仏教のほとんどの札所寺院には、十一面観音か千手観音のどちらかが奉納されているということである。後者に属しているのが雲辺寺（第六十六番）、弥谷寺《いやだにじ》（第七十一番）、根香寺《ねごろじ》（第八十二番）、屋島寺（第八十四番）、足摺山《あしずりさん》（第三十八番）、仙龍寺（第六十五番の奥の院）で、前者は神峯寺《こうのみねじ》（第二十七番）、峰寺（第三十二番）、菅生山《すごうざん》（第四十四番）、太山寺《たいさんじ》（第五十二番）、そして三角寺《さんかくじ》（第六十五番）である。

これらの観音寺院は、全て開基とされる行基菩薩によって創設されたかどうかは大変疑問である。おそらく弘法大師以前に存在していた信仰の場所が問題なのであろう。従って、富田教授が、若き空海が最初に各寺院を廻ったきっかけが、後になって大師によって広められた山岳仏教を民衆が受けとめることになった要因であるというのは、正当であると思われる。つまり〔富田教授は、〕八十八ヶ寺が一般に大師を思い出す場所、並びに民衆にとっては仏教信仰の主要な場所として受けとめた。のみならず、大師とその教義の発展史的な研究にとってもまた重要な場所であると彼は受けとめている。そして、「大師について研究する者が、山岳仏教の論議の際にはいつも高野山に配慮し、四国の諸霊場を軽く扱っていること、また後世の人びとの信仰から始めること、これらは重大な欠点である」と、言っている。

富田教授は次のことを充分あり得ることとして挙げている。空海の死後、師の側にいた二、三の僧侶が四国の山岳寺院へ、大師の教義をさらに発展させるために帰ったということである。「若い頃既に私は、真言宗の歴史研究の際に、次のようなことはおかしいと感じていた。つまり、山岳仏教が直ぐに都市仏教あるいは宮廷仏教に変化したということ、そして大師の後に理源大師唯一人が山岳仏教を支持したなどということである。高野山の真然僧都《しんねんそうず》の山岳仏教に対して、京都にいる宗叡《しゅうえい》の都市仏教が反旗を翻した。まもなく、京都の勢力は高野山を弾圧した。その結果、高野山を断念せざるを得なくなった時、無空《むくう》とその他の側近の僧侶たち以外は誰も山岳仏教に留まろうとしなかった。するとその後、無空と他の山岳仏教に好意的な僧侶たちはどこへ逃げたのか（もし四国ではないとすれば）？」。

【註】

（1）たいていは八十八ではなく、百八の煩悩が数えられている。そのため近代の案内書は、数多くの番外（八十八ヶ所以外の寺院）から二十の最も信じるに足るものを、この数字に達するように選んでいる。

（2）十三は、現在広い範囲であまり縁起の良くない数字と見なさている。例えば、松山の三津浜と尾道、あるいは宇品の石崎蒸気汽船の組合がそれを示している。相生丸という汽船〔の番号〕は十二番であるが、その次は十五番の船が建造されている。というのは、十三と十四とは不幸を意味し、ことに十四は「し」の故に「死」を意味するからである。

（3）この場所は多くのドイツ人も知っている所である。青島の事件の後、ないしは一九一六年にその近くにある練兵場へそのメンバーが捕虜として連行されたからである。青島の海軍所属の音楽隊は一度ならず霊山寺で演奏している。

（4）深さは六、七メートルで、底まで完全に澄んでいる。

（5）私は土佐で親切な、また好意的な人にもほんの少しだけ出会ったのは事実である。それは第二十七番札所の大変好意的な尼僧で、特に帳面に書き留めなくてはならなかったほどである。さらに第三十一番と第三十二番の札所では、焚き火の上に薬缶が置いてあり、その側で休むようにと、また一口お茶を飲むようにとの文字が書かれてあった。第三十番札所の僧侶は、禅宗の人であったが、非常に親切で物分かりのよい態度であった。盲目で七十七歳の老婆は一九二六年に八十八ヶ所をめぐったという。家にいたその老婦人は早朝、人びとがまだ眠り込んでいる時に訪れると、土佐でもかなりの喜捨が得られると私に語っていた。その場合には、確実に米を得ることができるというのである。しかし、朝の十時を過ぎると修行の見込みはないということであった。

（6）この補足の言葉は、ドイツの多くの地方で使われている儀礼的な言葉〝sag ich Ihnen〟の意味に相当する。

（7）〔しかし、先進的な所もあった。〕フランネル〔毛織物〕産業はもう既に早くから今治で創業されていた。同様に、今治出身の医者〔二宮敬作〕は、前世紀の四十年にシーボルトから予防接種を学ぶために、長崎へ行っている。

（8）住民の宗教心の表れとしてそのことを挙げることができる。キリスト教はそこに早くから布教の窓口を見出していた。宇和島には当時ポルトガルの宣教師によって改宗した多くの大名や侍たちがいた。現在でもこの町では色々な家に小さなブロンズ（あるいは真鍮）像が鋳造されて保存されている。このブロンズ像は表面にキリストの磔像《はりつけぞう》の前で手を組んでいるイグナチウス・ロヨラの像が表され、裏面はマリア像となっている。

（9）伊予地方には小さな半島がある。しかし、奇妙なことにそこは遍路寺院ではないのである。前述の出石寺のように寺院は非常に古く、大師との関係が特別に重要とされているのではあるが。景浦教授はこれについて、談話の中で次のように説明している。

「大洲には、徳川時代の初めに非常に精力的な盤珪《ばんけい》という禅宗の僧侶がいて、彼の活動によってそれまで優勢であったその地方の真言宗は、ほとんど禅宗に取って代わられた。おそらくこれは、寺院の数と順序が決められたその時期なのであろう」と。

（10）「大阪日々新聞」一九二七年十二月初旬。

(11) この説明には、ただ心に思うだけではなく、実際に弘法大師の教えに従って「この身に」おいて仏の境地に到達することが信仰の目的であるということが含意されている。
(12) 高知の第三十番札所の寺院〔安楽寺〕は一八六八年の維新後札所に指定された。第三十番の霊場はそれまで高知から二時間の所にあった〔善楽寺である〕。また、今治には元々別宮が他の地にあった。
(13) 第五十七番札所には奇妙な六角形(ないしは八角形)の金属の塔がある。それはおそらく経蔵として用いられたのであろう。
(14) 通夜堂と納経所に関しては、本文一三二頁と一〇九頁を参照。
(15) 天台十七、真言十三、法相三。
(16) 第二番札所の御詠歌は浄土宗あるいは浄土真宗の阿弥陀信仰を非常に強く感じさせる。
(17) 普通、観音が馬頭の飾りを持った神として現れてくる(馬頭観音)。それが第十二番札所では脇士として現れている。
(18) このことは素朴な事実として認識されている。つまり、国の文化財保護の下に置かれている彫像の中に、観音像と薬師像が数においては他のものよりも多く残されている。

# 第三章　遍　路

## 第一節　遍路の動機

前章において四国遍路の古い解釈を修行の四位階、発心《ほっしん》、修行、菩提《ぼだい》、そして涅槃として概観した。それと共に、遍路の意義は賞賛されるべき宗教的修行であると解釈した。多くの人たちが遍路を企てるのはただ次のような意味である。つまり、日本人は皆一生に一度は伊勢に詣でたいと思っているように、多くの仏教徒もまた特に真言宗の信者は、四国遍路に一度は行ってみたいと思っている。徳川時代の初期に全国に広まった廻国の慣習、すなわち日本の有名な聖地を巡拝するという慣習は、私が集めた多くの巡礼札から知ることができたように未だ絶えてはいない。

若い人はよく結婚前に遍路に出る。というのは、まず

日本各地の霊場を参拝した印の奉納額（金倉寺）

大正末期の先達二人に乙女遍路。笠には「土」「高知縣」と書かれている（写真集『くぼかわ今昔』より）

四国遍路をしてから結婚せよ、と忠告する警句があるくらいだからである。これは特に阿波地方（徳島）に当てはまるが、[1]それだけではなく、北九州にも当てはまっている。また年老いた人は幸せな人生の終わりに当たって、その準備のための旅をすることになる。それどころか、日本の各地から海外に渡ったハワイ移民の集落の中には、毎年誰かを八十八ヶ所に派遣する協会がある。しかし、それは功徳のある修行としてであって、その他の特別な目的と結び付けられているということではない。

多くの場合、遍路はある特定のことを遍路を通じて達成しようとしている。最もよくあることは「病気治し」である。例えば、私の学生の一人が大学の入学試験に不合格になったとする。すると、過度の勉強の結果、その上また不合格のショックで精神的に混乱してしまう。そして意気消沈して家に閉じこもる。すると地域の僧侶が彼に遍路を勧める。そこで、彼は遍路をすることによって癒され、幸福な気持ちで家へ帰ってくる。

ある若い男性が胃腸の病気に苦しんでいる。それも医者が彼を助けられるような状態ではないとする。そうすると、若者は遍路に出て、そして心の癒しを見出すのである。

大阪のある若い夫人は歩行することができないという生まれつきのハンディキャップに苦しんでいた。大工である夫は数ヵ月かかって障害者用の車〔二輪車＊〕を造って与え、生まれたばかりの乳飲み子を親戚に預け、妻と八歳になる息子を連れて遍路に赴いている。彼は遍路を逆の順番に廻ろうと決意し、讃岐の第八十八番札所から始めている。第五十二番札所から日本で最も古い温泉地である道後まで、伊予を通って廻って行く。ある晩などは妻を背中に背負って入浴させている。ところが、そこで妻の足は動かすことができるようになった。それは大変な喜びであった。家族はその温泉地の滞在を延長することにする。しかし、病の回復は進むが、資金が尽きてしまった。ところが、善良な宿の主人は——ここは土佐ではなく伊予である——彼らを信用してお金を貸し与えている。それどころか、〔宿の主人は〕その大工に仕事さえも紹介してやっている。妻はその間、歩く練習をし、滞在を終える時に妻が使っていた障害者用の車（いざり車）を道後の石手寺に奉納するまで、彼は面倒をみている。そして、夫妻は自分の足で遍路を終了することができた。このような身体の衰弱による病が治った事例はかなりの数に上る。

以上の例は、つい最近、私の耳に入った情報である（一九二七年十二月の初め）。ここで病が治癒したのはただ

障害者用の押し車（第二十二番・平等寺にて）※

道後の湯治にのみその原因がある、とするのはもちろん間違いであろう。ともかく、その人には僅かにしろ治癒力があったからなのであろう――意地の悪い人たちは元々この人は健康だったのだろう、と主張するかもしれないが――。また一方では、治癒は湯治とは別な何かによるのではないかと考えられるのである。私と同じ頃に、ある男性が四国中を遍路していた。彼は第二十二番札所で二十三日間滞在し、僧侶から信仰を教え授けられた後に、足の力を取り戻すことができた。(2)

胃腸病の人もまた、私が個人的に接触した多くの癒された中の一人である。生活様式の変化や野外に長く居続けること、つまり時には新鮮できれいな山の空気に、ある時は力強い海の潮風に身を晒《さら》すこと、あるいは家庭の煩《わずら》わしさから解放されること、また同じはっきりとした意図を持って、それに鼓舞された人びとと一緒に遍路をすること、恵まれた土地を耕すということ、などは病気治癒に有効であるということは明らかだろう。

このような問題について論じあった多くの僧侶たちもまた素直にこれを認めている。しかし、彼らが強調するのは、それも私には不当なこととは思えないのだが、自然療養だけではなく、ある程度信仰が治癒に作用するのだということである。病苦に対する本人の内面的な適応力によって、そうなるのであろう。ヨーロッパのルルドや他の巡礼地でのように、四国でも毎年奇跡とみられる病気の治癒が起こっている。仮りにルルドで癒される人で処女マリアの恩寵と奇跡との信仰を身をもって受けとめている者はごく少数であるとしても、四国では病苦から救済されたいと願う人に対して、大師の御利益に無理やり頼ってはいけないと説得して諦めさせようとしても、それは無理なことであろう。

かなりの多くの遍路はその健康を再び回復した場合には、もう一度感謝の気持ちで四国中を一巡する。それに何かの誓いを成就するために、また病気、海難、戦争の危機から救われたことに対する感謝の気持ちから、遍路をする大勢の人びとに仲間として加わるのである。

ここに一つの事例がある。造り酒屋の息子である宮内氏が一九二三年九月一日に起こった関東大震災の時のことである。名古屋に住む彼の叔母が大震災の二日前に夢を見たという。それで家族に注意するよう電報を打っている。ところが、最初は信じてもらえなかった。宮内氏は軍の繊維工場で働いていたが、三万七千人もの人がその周辺で焼け死んでいる。ただ、半ば炭化した大勢の犠牲者の下敷きになって、二百人もの人が、そこから気を失った状態で発見されている。その一人が宮内氏であった。叔母は祈りによって救出しようとしたのである。彼女は天に向かって祈りを捧げた。そしてその後、生き残っても半信半疑の彼に、感謝を捧げるために遍路に出ることを決心させた。伊予の香園寺で老師が彼の回心《えしん》を見届けている。

八十五歳の新井ゐいという岡山出身の女性は、六十一年間絶えず遍路に出ている。聴覚障害の孫娘が癒えるように、また幸せな花嫁になれるようにとの願いを込めて、遍路に出ているという。一巡する毎に、短い期間ではあるが、孫が必要とするものを御利益として授けてあげようと、故郷へと戻って行く。

それに匹敵する無数の事例が挙げられる。遍路に出る人たちは必ずしも遍路を自分のことだ

位牌・遺骨を持って廻る遍路
（岩波写真文庫『四国遍路』昭和31年より）

けのために行っているのではない。遍路が他人のために寺院を訪れるというのは決して稀なことではない。そのような代理の遍路は「ご代参《だいさん》」と呼ばれている。信者の団体が毎年一人ないしは数名の代参者を四国へ派遣するという上述の場合もまたこれに含まれる。代参をする理由には多少の違いがあるが、遍路には亡くなった親族の霊を救済するために引き受ける場合もある。このような仕方で、両親の死後に子供として親に孝行をしようとする娘や息子たちをしばしば見ることがある。彼らは亡くなった身内の人の位牌を持って一緒に歩くのであるが、それもなるほどと思われる。

多くの人たちが四国路へと駆り立てられる本当の理由については、まだ言及されてはいない。時として人生にはある瞬間に出会うことがある。その瞬間とは、単純な意味で失敗するとか、あるいはあらゆる企てや計画がうまくいくであろうという期待に反して、達成できずに終わってしまうような場合、また確かな思惑が台無しになってしまう場合である。

例えば、農民が収穫に失敗する。飼っていた牛を伝染病で死なせてしまったとか、泥棒に入られ、それも手元に残っているほんの僅かなものの中から良いものだけが盗まれてしまったとか、さらに運の悪いことに若くして結婚した娘がつまらない理由で新郎の家族から実家に戻されたというような場合、近所や親戚の笑い物になったり、お互いに責任を他に押しつけて関係が険悪になってしまって、不和が生じた時、多くの日本人は毒薬に手を伸ばすだろう。あるいはまた鉄道のレールに身を横たえるとか、海に身投げすることもあろう。また、他の人たちは荷物をまとめ、そして良かれ悪しかれ資金が許す限り、仕度を調えて遍路に出る人たちもいる。

その場合、彼らにもたらされるのは日々の打ちひしがれた閉塞感からの脱出であり、変化した生活の感触であり、以前は惨めになっていたものに打ち克つ人生の余裕、そしてとりわけ遍路の途上で強固になった信仰である。さらには、待ち焦《こ》がれた接待である。もしその不幸が我が家に戻ってくるまでに未だ変わっていなかったとしても、その間に他の苦しい体験をしているので、そのことがしばしば運命の転換を可能にし、彼らをある一つの進路へと導いて行く。

人びとはたいてい一つの理由か、あるいは上記よりはるかに多くの理由で遍路を企てている。もしローマ・カトリックの国々における巡礼の慣習と比較するならば、数えきれないほどの類似現象が引き出せるであろう。ある見解——口で言うだけで、たいていは自分自身、一度も杖を手にしたことがないような場合——は四国遍路を物見遊山で、あるいは楽しみのために行っていると言う。しかし私の体験から言うと、その見解は誤りと言ってよい。徳川時代には阿波の十郎兵衛[3]のような戯曲の影響で遊び半分で巡ったり、流行の要素が巡礼の習慣の中に、特に三十三観音霊場の巡礼に加わった、というのは事実である。

二、三の短い遍路道、例えば淡路島をぐるっと廻るような所では、そして現在では谷崎潤一郎の小説『蓼食ふ蟲』の中に出てくる舅、要のような享楽家なら思い通りになろう。しかし、私が四国で見た限りでは、このような遍路は日本人にとって色々な意味で低俗な楽しみでもある。

数週間の間、粗食で粗悪な安宿に身体を横たえ、害虫に悩まされる。赤の他人はそのような振る舞いを無茶なことだと感じるであろう。またしばらくの間は愉快であったとしても、もし楽しみのためにのみで他に高い目的なしに遍路を行った場合には、当人は間もなく、さらに遍路を続けていく意味を喪失するであろう。私もまた、批判的な意見を持った時期があった。その時は、さらに先に進むよりも、戻りそうになってしまったのである。しかし、私が実際に見聞きして信じているのは、四国の遍路道を行楽の旅とする人はおよそ失望させられるということである。それに対して、職業的に旅をする階層があり、そして、そういう人は数少ないということである。それに対して、職業的に旅をする階層があり、その人たちは遍路で生計を立てている。彼らについては、後で触れることにする。

## 第二節　遍路の装束、持ち物

遍路の装束に関して、全ての巡礼に特徴的な共通した伝統的心情が見られる。ほんの少しは変わってしまったが、遍路たちは大師以来四国の荒野を歩き廻り、そして山寺で祈祷、勤行《ごんぎょう》を行ってきた。この変化はただ文化的な側面の変遷によって引き起こされた。木綿《もめん》を主とする時代には、経済上の理由から麻布《あさぬの》より木綿の衣服のほうが好まれていたことは明らかである。それはちょうど、普通の足袋《たび》と草鞋《わらじ》からゴム底の足袋に変わろうとする時期である。

　さらにその上、次に出てくるように装束に例外があるということが分かる。というのは、遍路は日本の各地からやって来るので、かなりの数の人は別の巡礼を既に済ませた人であるかも知れないから、そしてそれにはどんな種類の制約もないからである。また、誰も巡礼者にそうするように指示することもできない。なぜならば、装束に決まったものはないからである。例えば、白い装束を調達できない多くの人びとが黒っぽい衣装を着て行くとしたら、黒い衣装は世間一般に妥当するものとされてもおかしくはない。その他の巡礼道に見られる様々な装束が互いに影響し合っていることは大いに注目されうるところである。しかし、それは簡単に定着する課題ではない。

　ただ、四国で八十八ヶ所遍路と並んで、なお二つの全く確固としたタイプ〔石鎚山と剣山《つるぎさん》参詣〕があって、それは区別される。石鎚参詣(4)では、たいていは杖が人目を引く。そして法螺貝《ほらがい》を携えている。それは現在では奇妙に思えるが、古い時代には山岳の原生林の中で道に迷ったり、霧に備えて非常信号として、なくてはならないものであった(5)。それに四国で、二番目に高い剣山に登頂する場合にも法螺貝はなくてはならないものである。

〔かつての装束〕

　麻の着物

　薄い竹細工の幅広い笠

携えていくものを入れておく給仕袋、荷俵《にだわら》
さんや、あるいはさんえ〔三衣《さんね》〕の袋、面桶《めんつう》
足半《あしなか》の草履、金剛杖、数珠、札挟《ふだばさ》み、脚絆《きゃはん》

それに対して、現在の装束は次のようなものである。

白い木綿地の簡単な衣装
菅笠《すげがさ》
行李《こうり》と荷台
頭陀袋《ずだぶくろ》、さんえ〔三衣〕袋――これは僧侶のみが持つ
草鞋《わらじ》、現在ではゴム底の足袋《たび》
遍路の杖、金剛杖、念珠、札挟み、時には札を入れる箱
手甲《てっこう》、脚絆《きゃはん》、尻付け

最後の三つの装束はいつ使い始められたのか、それを決定するのは難しい。『四国邊路道指南』の序文の中で、「手荷物の藁布団《わらぶとん》、食事用の器（面桶）、笠、杖、足半《あしなか》、そして他の持ち物は自分の判断に任せられている。ただ足半で行く方がよいであろう。草鞋は脱いだり履いたりする際に、手を汚すからである。それに多くの寺院には身体を洗う水がないからである」と記している。同

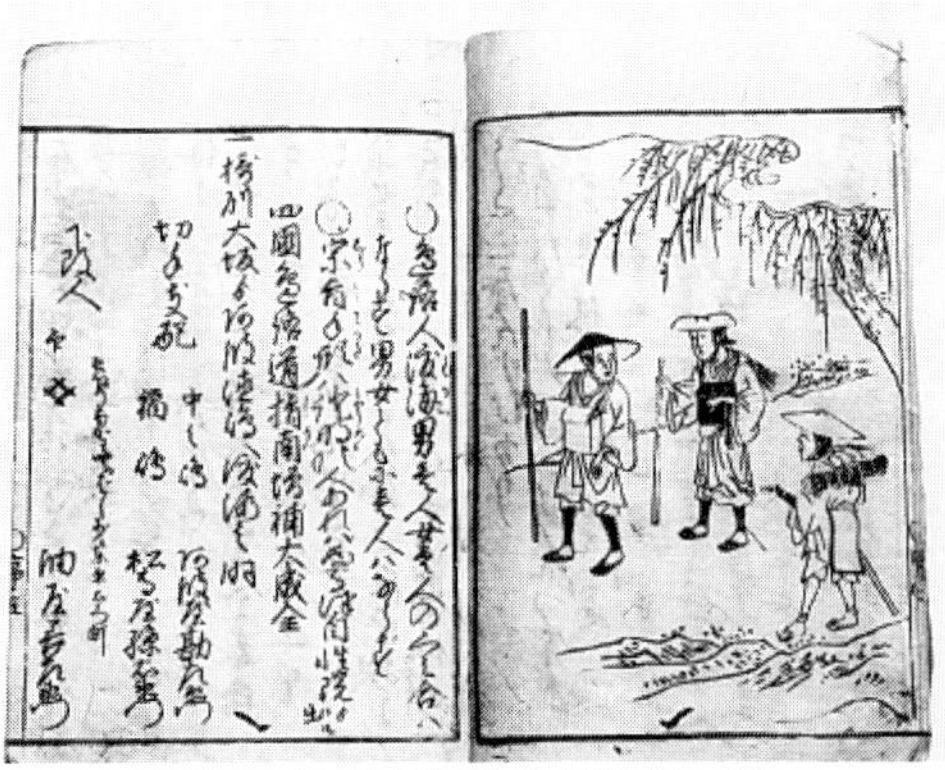

真念『四国徧礼道指南増補大成』

じ書物に添えられている木版画〔本書目次トビラ図版参照〕には黒っぽい脚絆を着けた遍路が掲載されている。けれども、手甲や尻付けは着けてはいない。

文化期に出版された『四国徧礼道指南増補大成』は確かに序文も古い原文に忠実であるが、三人の遍路の挿絵がある。そこに男性と女性の二人が黒い脚絆を、三人目は白い脚絆と黒っぽい色の手甲を尻付けと同様に身に着けている。手甲と脚絆、そして尻付けを中世の甲冑《かっちゅう》よろしく着けていたということは、その恰好からして疑問の余地はないだろう。真言宗と天台宗が優勢であるような地方では、死者の埋葬に当たり、通例は手甲と脚絆を身に着けさせて棺に納めた。それはある年齢の人たちにおいて、このような副葬品を入れさせているのである。

## ◇装　束

装束は既に見たように、日本の着物に普通の仕立て方で、地味な白い生地でできている。その下に同じ素材でできた襦《じゅ》袢《ばん》を身に着けている。たいていの遍路は各々の寺院で衣装の上に札所番号、寺院名、朱印を押してもらう。また、霊場では本尊を描いた図柄に押印してもらう。印の押してあるこの衣装は大変「有難い[6]」ものである。遍路はそれを我が一生の形見として大事に保存しておく。そして、臨終の時にそれを

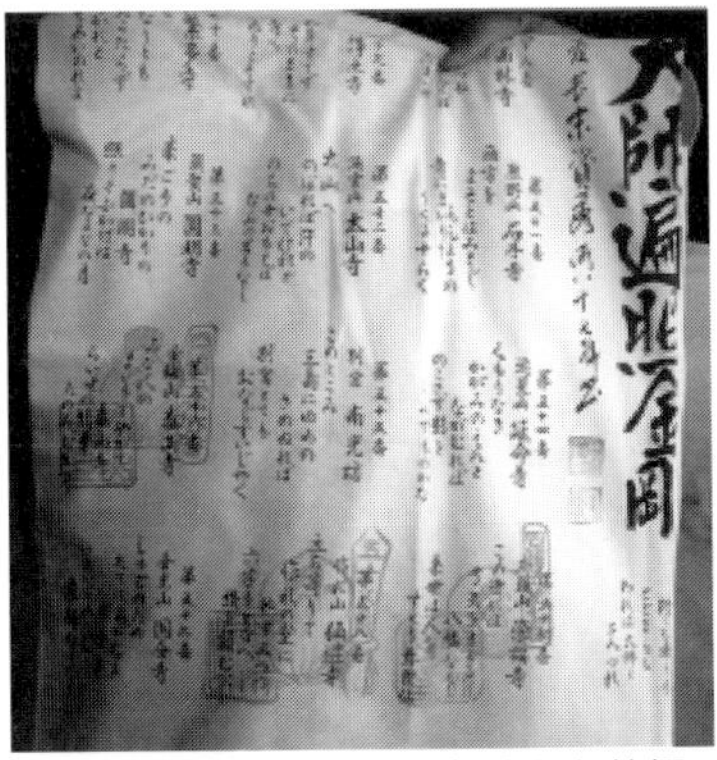

御詠歌が書かれ朱印の押された笈摺

接待をうける遍路の笠に「あ」「さ」と書かれている。（旧由岐町教育委員会蔵）

身に着ける。八十八ヶ寺のあらゆる仏の加護によって幸せな生の終わりが得られるという。従って、多くの遍路は死装束を汚すことのないように、この白い布で仕立てられた特別の着物を持ち帰る。つまり彼らはそれを各々の寺院で大事に荷ほどきし、寺院から朱印を受領した後に丁寧に包み、荷造りして帰るのである。

### ◇笠

貞享期《じょうきょう》（一六八四―一六八八）の図版には、ほとんど全ての笠は先の丸くなった円錐形をしており、まさにそれは古武士が被る笠（陣笠）そのものであった。ただ、二つは平らな円い頭巾の形になっている。しかし、それは偶然によるものであろう。三人の遍路を描いた文化期（一八〇四―一八一八）の図版によると、それぞれが違った形をしている。一人のものは円い形をしており、他のは放物線の横断面のような形をしている。もう一つは丸みを帯びた縁のある弓形をしている。

現在でも様々な形のものが見られるが、私の体験によると、丸い縁を持った弓形のものか、丸い兜《かぶと》のようなものが普通であると思われる。笠は直径六〇センチ、深さ一五～二〇センチある。

真ん中に頭の形に合わせた枠がある。笠は頭に直接触れないで被《かぶ》る。笠の外側の平らな部分に文字が書かれている。内側には綿で裏地がつけられ、そこから紐が垂れている。それは白い紐《ひも》で顎《あご》の下で寄り合わされ、笠を固定している。簡単な紐さえあれば、笠は容易にすげ替えることができる。笠の表面には中心から等間隔で放射線状に次の四句を書くように先達が指示している。

迷故三界城　〔迷うが故に三界の城あり〕
悟故十方空　〔悟るが故に十方は空なり〕
本来無東西　〔本来、東西なし〕
何処有南北　〔いずこにか南北あらん〕

その他に、遍路の名前と出身地を笠の上に書き留める。四国からの人びとは小さな輪の中に伊予なら㋑、土佐なら㋣、讃岐なら㋚、そして阿波なら㋐という印を書いているので、出身地を知ることができる。しかし、㋣という印は滅多なことにはお目にかかれない。

### ◇手荷物

古い図版、例えば四国遍路を紹介している小説の挿絵には、背中全体にぴったりとくっ付いている背負い籠の台（笈《おい》）が見られる。それは遍路の笠の上部の端に固定されている。遍路の頭の上でそれが揺れており、ちょうどいい所で上下に動いている。背負い籠の台の下の部分には、たいてい仏像の入った櫃《ひつ》がある。元禄時代〔一六八八—一七〇四〕あるいはそれ以後には、四国遍路の描写は簡単な横長の小さな包みで、負俵《おいだわら》あるいは荷俵《にだわら》と呼ばれた荷物を描いている。それは本来は米袋であった。この荷物の両側にくくり付けた帯の両端は、首の前で束ねられている。ちょうどそれは現在の洗濯屋か行商人がその洗濯物や荷物の包みを背負っているのを見ているようなものである。

今では遍路は通常、編み籠を持っている。日本ではそれが大変好んで使われている。それは紐で縛った旅行用の籠(行李《こうり》)の小型のもので、空の状態では縦約一〇センチ、横幅二五センチである。この籠は木製の下敷きの上に載っており、そこから背負い籠の帯が出ている。これは籠を同時に台の上に引き留めている。そして紐によって胸元の二ヵ所で結ばれている。

包みの中には洗濯物（寝間着、浴衣等々）の他に雨具があり、それはたいていは大きな油紙かゴムの合羽《かっぱ》で頭巾《ずきん》の付いたものもあれば、付いていないものも入っている。私が調べたところでは、非常に簡素で、激しい雨にはほとんど効果のないようなものである。あまり激しく降らない限りは役目を果たす。古い時代には、遍路はその代わりに茣蓙《ござ》を使っていた。現在も富士巡礼、浅間巡礼、それに四国の剣山参詣には利用されている。さらに包みの中には、弁当を入れる籠がある。

荷俵を背負った遍路（昭和13年、上田雅一氏提供）

それと、故人の遺骨、そして万一のことが起こった場合のために当人の身元を記した書類が入っている。これは珍しいことではない。

### ◇頭陀袋《ずだぶくろ》

首からぶら下げている旅嚢《たびぶくろ》、それは、たいていは尺八を吹く僧侶（虚無僧《こむそう》、釣り鐘型の笠を被り、喜捨を受けて遊行《ゆぎょう》する僧）が付けているようなもので、現在では四国を遍路する場合にはただ僧侶によってのみ利用されている。しかし、貞享期、文化期、その後の天保《てんぽう》期（一八三〇―一八四四）に出版された案内書には、装束についてこの言葉が使われていた。

現在では、人びとはその代わりに通常、身体の左側に白い素材でできた一種の手提げ袋を携えている。それは幅広で、右肩から斜めに掛けている。その袋の中には遍路に関する書き物や案内書が入れられている。それはまた遍路に与えられる喜捨を受け取って入れるために役立つ。この袋を「頭陀袋」という。

### ◇履き物

先に見たように、『四国邊路道指南』は序文の所で、「足半草履《あしなかぞうり》」を利用するように忠告している。それは足全体を覆っているのではなく、ただ事実上足裏を保護しているだけのものである。多くの草履は、特に山に登る際には邪魔になるのであろう。一方、古い書物の中には「わろうず」、今は「わらじ」と呼ばれる同じく藁でできた履き物であるが、それは使いづらいと言われている。というのは、それは両手の助けを借りなければ脱ぐことができなかったし、また身体を洗う水が不足した時には手を洗うことができず、不潔になったからである。

現在では、各々の寺院で水の用意をしている。そのためにある変化が見られる。それは年々多くの人たちが、千里足袋というゴム底の草履に切り替える方向へ移行しているという。さらに、案内書などに掲載されている「遍路の規則」〔本書第四章第二節参照〕には、役に立つということで草鞋《わらじ》を勧めている。というのは、千里足袋では急な坂を登る場合には滑り易いからである。しかし私が尋ねた遍路によると、ゴム底の足袋のほうがより実用的だということであった。それは草履と同様に安全で、しかも一足で全ての行程に間に合うということである。一方、草鞋では二、三日で一足が駄目になり、山の中の悪路では一日に二足は駄目になるという。これに対して、ヨーロッパの履き物は、服装と同様に、僅かしか遍路には定着していなかった。

## ◇杖

最も重要な持ち物の一つは遍路の杖である。杖こそまさしく大師の身代わりである。それで、「遍路の規則」には手本として次の事が書かれている。つまり、「ご丁寧に」杖を扱うこと。夕方宿泊所に辿り着いた時には、自分の足を洗う前にまず杖を綺麗にしなければならない。宿泊所では杖を上座に置き、床の間に立て掛け、部屋でくつろぐ前に短い勤行《ごんぎょう》をする。実際、多くの人たちは約二〇センチほどの白い布製の小さい袋を縫って被《かぶ》せている。つまり、杖を大事に扱い、その頭部に書かれているサンスクリットの文字〔梵字〕を汚さないように、また手の汗が滲まないように、杖のその部分に袋を被せているのである。

昼間、水の澄んだ小川の側を通る時には、その杖の先を水の中に入れて洗うのがよい。そうすれば自分の足は強くなり、傷つかなくなると言われている。また、かつてこのようなことがあったという。道の十字路に道標がないので、杖で占った。杖を真っ直ぐ立て、そして手を離す。そうすると杖は道の正しい方向を示してくれた、[7]と。

遍路の杖には様々な種類がある。例えば、檜《ひのき》杖、あるいは輪の付いた錫杖《しゃくじょう》等々がある。四国遍路で主に使われている杖は、軽量な杉材でできた簡単な杖である。それは四角形をしており、各面は先に見た信仰の四段階を表示している。下へ行くに従って、角は平たくしてあるので、杖の下の方は八角形（ほとんど円形）になっている。

その他には上の端の周りに、四つの刻み目が付けられている。それによって、杖は一つの長い部分と四つの短い部分とに分けられている。そのため、仏塔を模造したように見える。たとえその形（立方体、球体、ピラミッド形、半球体、尖塔）[8]が似ていないとしても、それは五つの要

金剛杖

素を表現している。最も下の長い部分が大地であり、他の部分は水、火、風、空（エーテル）を意味している。もしくは五大要素に対応する原色を表している。黄色、白色、赤色、黒色（暗色）、そして青色である。各面の上部には二、三の部分に梵字が墨で書き入れられている。

一面　キャ（空）　カ（風）　ラ（火）　バ（水）　ア（地）

二面　ア　ビ　ラ　ウン　ケン

三面　キャン　カン　ラン　バン　アン

四面　ア　ラ　ハ　シャ　ノウ

梵字の下の方には、第一面に、

「巡拝　奉納　四国八十八ヶ所　同行二人」

そして、第三面には、名前と住所とが書かれている。

杖は「金剛杖」と呼ばれている。[9] 弘法大師は、堅実不動の金剛界の統率者である大日如来の生まれ変わりである。大日如来の教えは弘法大師に受け継がれている。加えて、先に見たようにこの杖は金剛界の五つの要素を表現している「仏舎利塔」あるいは「五輪塔」の模造である。また、我々と共に遍路する大師の身代わりである。従って、このことからして、実際にはそれが杖の起源や名称の由来と考えて間違いないだろう。しかし、『仏教大辞典』または『言泉』のような二、三のものは、杖の意味を「独鈷《とっこ》」に起因するものとみなしている。すなわち悪霊を破る稲妻、インダラを手の中に持っている、という解釈である。

実際、真言宗では「独鈷」「三鈷」そして「五鈷」が大きな役割を演じている。高野山の創建についての伝説によると、空海は中国から帰朝を前に浜辺で「三鈷」を空中に投げた。その後、高野山の頂上の松に引っ掛かっているのを再び見つけたというのである。その伝説が四国ではほぼ同一の二つの伝説となって並行して語られている。その一つは、独鈷を空中に投げ、それが木に落ちた。そこが現在では第三十六番札所となっている。もう一つは、明治に至るまでに五つの神社が建てられていた第三十七番の霊場である。そしてそこが、空中に投げられた五鈷が落下した所であると言われている。

杖は右手で持って歩く。他方、左手には念珠が巻かれている。

### ◇納《おさめ》札《ふだ》

西国巡礼と同様に四国遍路もまた、訪ねた各々の寺院に札という名刺のような紙片を納めている。

札を納めることを日本での言い方では、「札を打つ」という。つまり、札を貼り付けるという意味である。巡礼の用語では、まさに「訪ねる」あるいは「やり遂げる」というように使われている。例えば、「五十番をもう打ちましたか」あるいは「私は番外を打ちません」というふうにである。この言葉はある意味を持っている。最も古く伝承されている札、それは円明寺《えんみょうじ》（第五十三番）の厨子《ずし》に打ち付けられた銅製のものである。札という言葉の漢字が示しているように、そもそも本来は木の板を意味している。木製の札は現在、「立て札」を除くとしても、劇場、百貨店、銀行等で様々に使われている。寺院への巡礼者の寄付は、現在に至るまで寄付者の名前が多くの寺院で木の板の上に書かれている。

また、枠板の上に釘付けにされているので、私は次のように確信している。すなわち、たとえ現代において例外的に巡礼者あるいは巡礼の団体が、そのような木製あるいは銅製の札を打ち付けているとしても、「札」を「打つ」という習わしは最も古い慣習であると思っている。(10)〔札打ち＊〕は札を貼り付けることの起源を説明していることに矛盾しているとは思われない。〔札打ち＊〕は逆廻りの巡礼にも用いられている。さらに、遠く互いに離れている寺院や霊場が、〔札打ち＊〕によって互いに結ばれているということを示している。

「偏禮四国中霊場」と書かれた納札（出釈迦寺蔵）

## ◇右衛門三郎《えもんさぶろう》の伝説

松山からそう遠くない荏原《えばら》という村に裕福だが、情け容赦ない右衛門三郎という男が住んでいた。彼には八人の育ち盛りの子供があった。弘法大師が四国を廻っていた時、その地方にしばらく滞在したことがあった。そこで、例の男を良き人へと導こうと心に決めた。大師は数日間続けて門の前にやって来た。そしてお経を唱え、鉄鉢に喜捨を求めた。右衛門三郎は毎回断わった。しかし、再三再四現れるので、彼はついに腹を立ててしまった。そして、棒切れを手に持って、大師の手から鉢を叩き落とした。地に落ちた鉢は八つの断片に割れた。その日から右衛門の子供たちは次々に病に罹り、両親の悲しみのうちに亡くなってしまった。現在に至るまで八つの盛塚が伝えられている[11]。大師が遠くから風に乗せた塵《ちり》がお墓になったという。その八つの盛塚の地（八坂寺）が第四十七番札所である。

右衛門三郎功徳譚（『四国徧礼功徳記』より）

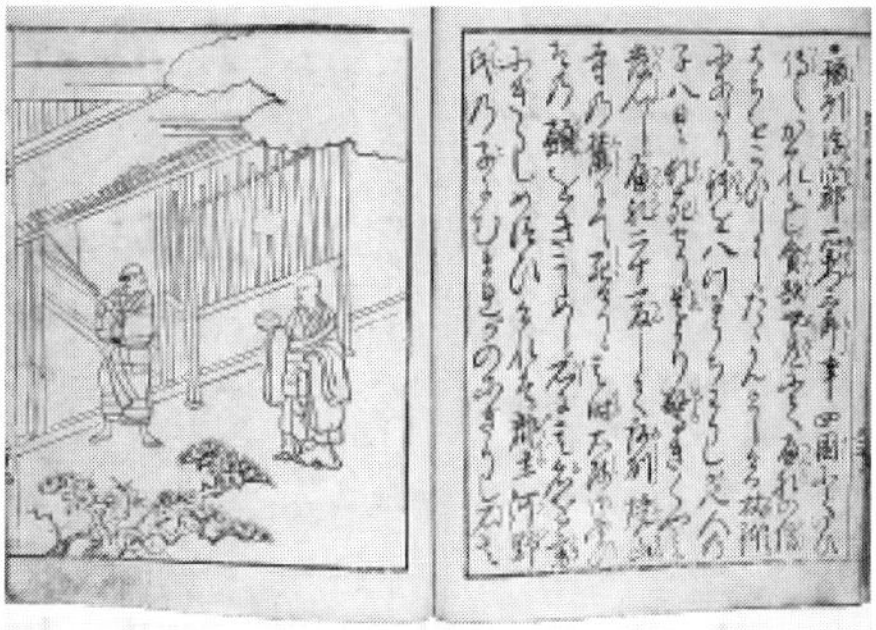

右衛門三郎の子供の墓といわれる八ツ塚
（小松勝記氏提供）

　右衛門三郎はその僧侶に対して自分が不人情で腹を立てたことを恥じて悔いた。彼は今初め

て、その僧侶、弘法大師への敬いの心を感じた。そして、小さな寺を寄進した。その寺は大師に赦しを請うために、滞在場所として使ってもらうようにしたが、右衛門がそこにやって来た時には、大師は既に去ってしまっていた。そこで、右衛門は四角い紙を六枚に折ってそれに自分の名前を書き記し、寺に貼り付け、そして大師を追って行った。しかし、行く先々で大師は既に旅立っていた。右衛門はその都度紙片を残し、また先に進んだ。彼は四国中を廻った。その労苦で彼は老いて、衰弱していった。それでも彼は大師に追いつくことができなかった。

　そこで、最後の試みを決心した。それは逆方向に歩いて行くことであった。そしてついに、死を間近にして第十三番札所と第十二番札所の間で待ち焦がれた大師に出会うことができた。大師は喜んで彼に赦しを与えた。そして、昔の過ちを取り戻すために、もう一度この世に生まれ変わりたい、という彼の頼みを叶える約束をしたという。

　翌年の七月、河野息利《やすとし》という伊予の領主の館に一人の男の子が生まれた。その子の左手は生まれつき麻痺をしていて握りしめたままであった。三歳の初め頃、ある祭りの時にその子の手は開いた。その手から一個の石が地面に転がり落ちた。それを近くで見ると、かすかに「えもんさぶろう」という文字が見分けられた[12]。この石は右衛門が死ぬ前に大師から約束の印として貰ったも

右衛門三郎の石（石手寺）

のであった。領主のこの子こそが右衛門三郎の生まれ変わりであった。やがて彼は伊予の領主になった後、それまで安養寺と呼ばれていた第五十一番札所を壮麗な様式で新しく建立させた。そしてなお現在も同寺に保管されている石を寄進した。その石は国の文化財になっている。それ以来、この遍路の地は「石手寺」と呼ばれている。寺の御詠歌の中には古い名前がそのまま残されている〔西方をよそとは見まじ安養の　寺に詣りて受くる十楽〕。

伝説によると、右衛門が最初に札を残して行った地に、その五年ほど前、四国遍路をしていた僧侶が夢の中で、大師からここに寺院を建立するようにとのお告げを受けたという。しばらくの間は、かなり質素なお堂であったが、その内に遍路の札で造られた大師と右衛門三郎の二つの像が安置された。そして壁には多くの右衛門三郎の悪業とその後の物語が長い絵画に描かれた。

この伝説それ自体は非常に古く、既に最も古い案内書の中に述べられている。[13] それから見て取れるように、遍路の札は幅約三五センチ、長さが二五センチの半紙の六分の一でできている。それで、札は五、六センチの幅で長さ二五センチでなければならない。実際、遍路が同じように全ての札に記入するたびに、私はこの大きさの札を見ている。主として年輩の人たち、あるいは田舎の女性たちはこれを使っている。それに対して、大多数の人は何処でも入手可能な見本刷りがついている札を使用している。それは印刷しない限りは、そこに名前と住所を記入しなければならない。印刷された紙の札はたいていは半紙より質が悪いので、このような機械化が大衆化するのは必ずしも歓迎されているわけではない。印刷された札の多くのものは先述の寸法と比べると

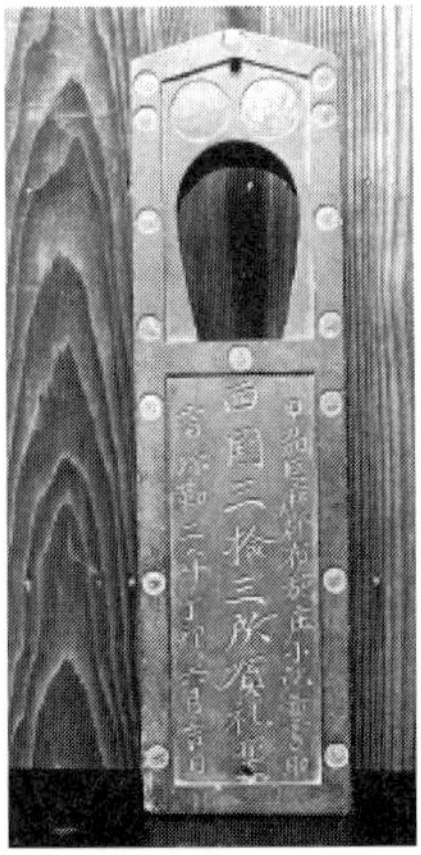

弥勒二年の西国巡礼の納札（石山寺蔵）※

坂東巡礼の納札（千葉県・大正寺蔵）

小さい。それに銘文の他に、しばしば弘法大師の小さな図像が付いている[14]。

しかし、案内書は強い調子の言葉でこのような悪習に反対している。「多くの人たちは札を持って遍路をしている。ところが、その札には全く無作法にも、上の端の方に大師の浮き彫りの像が付いている。もし不注意でその札を道に落としてしまったら、足で踏みつけられたり、牛や馬の糞で汚されてしまうので大変冒涜になるだろう。一体、敬虔さはそのような人たちのどこにあるのだろうか。このようなことは巡礼者の行為としては相応《ふさわ》しくない」と。

四国遍路の従来の札は単純な白い長方形である。『エンサイクロペディア・ヤポニカ（日本百科辞典）』にある、三十三観音霊場の札のように上の先端が尖っているものは、関東では好まれている技巧的な絵画的装飾のある札であるが、四国遍路にはあまり馴染みがない。四国遍路の寺院で見られるそのような札は、通例は東京あるいはその周辺から来た人びとのものか、あるいはその周辺を巡礼している酒や醤油商人の札かである。それは今津氏の言うように、商売用の殺虫剤で殺された蠅たちを供養する、いわば死者の弔いという意味をもった巡礼と、そして広告とを兼ね合せているものである。

札の銘文として、古い案内書には次のようにある。

奉納　遍礼四国中霊場　同行二人

現在ではその代わりに次のように書かれている。

奉納　四国霊場遍礼　同行二人

（「中」という文字がなく）「遍礼」の位置が置き換えられている。

ところが、私が集めた札の中には色々な変形が見て取れる。それで、この点に関しては規則性を見出すことは困難である。私が調べた札について言えば、「八十八ヶ所」という数字と、遍礼の代わりに「巡拝」という表記が優勢である。それに対し、板挟みには特定の文言が残っている（以下参照）。両端の上には通例、おそらく弘法大師以前からの言い伝えであろう、一つか二つの古い祈願文が書かれている。

天下泰平
国家安泰
国民安寧

家内安全
五穀豊穣
商売繁盛
国豊民安
日月清明

近年は知識階層の多くは「世界平和」と記入し、その下には片面は年月日を、他面は名前と住所を書き入れている。

遍路の習俗においては亡くなった親族のために、戒名・法名が仏教的比喩で表されている。例えば、「素晴らしい蓮の少女」「寒い時期に聡明さに目覚めた信徒」あるいは「午年の女」等々である。

札の色は普通は白である。しかし、七回以上の遍路を重ねた人は赤色の札を納めている。私は何枚かの緑色の札を見たことがある。[15] また一度は、詳しい意味を知ることはできなかったが、濃い青色のものを見たことがある。それに対して、五十回以上四国遍路を重ねた人のために金色の札も見られる。そのような札は大変珍しい札である。というのは、様々な疾病を治す効用があるとされるからである。僧侶の好意によって私はそのような札を手に入れることができた。それは奇妙なことに、円明寺の最も古い札と同様に、上の方が斜めに切ってあった。

遍路の回数と関係のあるそうした札の特徴は、〔主に〕集団の代参者として廻っている遍路のものであるということである。その札は時には一枚の新聞紙ほどの大きさであり、また集団全員の名前が載っている。私が所有しているハワイから派遣された代参者の持っていた札には、さらに四国に建てられた五つの真言寺院が描かれている。

遍路は自分の札を各々の寺院の建物に残す。また、道の途上にある有縁な所、あるいは宿泊をした所に、及び自発的にもてなしをしてくれた人びと（接待）の許に残している。寺院にはたいてい壁から飛び出している針金が付いている。そこに札を差し込む。時には粗い目の竹製の笊《ざる》があったり、あるいは賽銭箱の中に札を入れるように促してあったりする。つい最近までは寺院の建物に札を貼り付けられない場合、寺院の前面の外壁に貼り付けられていた。さらに場所がない場合には、以前に貼られた札の上に貼り付けられた。

残っている札は日光や風雨によって徐々に黄ばみ、古びたものになっていく。このようになった灰白色のモザイクは、建物に装飾を作り出すとはいくらなんでも言えないだろう。従って、僧侶たちが醜くなっていく建物を防ごうとするのはもっともなことである。また、かつて何度も貼り付けることを禁止してきたことは認めなくてはならないであろう。遍路は通例、札が長持ちする場所に貼る。そして通常は糊《のり》を持っていないが、長く残ることを重視する人の中には糊を遍路中持ち歩いている人もいる。また東京都出身の気の利いた専門業者の中には、竹製の柄《え》を望遠鏡のように引き延ばすことができる刷毛《はけ》を作った人もいる。それを使えば札を高い場所、例えば入口の天井にさえも貼り付けることができるのである。

### ◇札挟み

遍路が札を入れて持ち歩く札挟みは、二枚の平たい板でできている。縦五センチ、横一五センチの大きさで、紐で結びつけられている。そして首から吊り下げられ、胸の所で支えられている。紐が首から吊り下げられている所に、二三センチの大きさの藁で作った袋と小さな一足の「足半草履」が結び付けられている。これらは大師の手荷物と履き物で、「御荷俵」と「御履き物」、また「大師の御用」と呼ばれている。こうして大師の荷物や履き物を持って大師と共に遍路すれば、遍路の最中に弁当に困ることがないし、また自分の足で困難に立ち向かうことが決してできないということもないという。

古い案内書には、札挟みの代わりに既に滑り板の付いた小さな箱が認められる。それは我々が使う筆入箱とは対照的に短い方の辺が開いている。人びとが利用しているある種の札挟みには、次のような銘文が残されている。

表面

一行目　天下泰平　地区　仲間　町　村等々。

二行目　四国霊場への遍路　二人の仲間と畏敬の念をもって企てられたこと。

三行目　太陽と月　名前

裏面に書かれているのは、

一行目　年

二行目　南無大師　遍照金剛

三行目　月日

札挟みの書法（『四国偏礼道指南増補大成』）

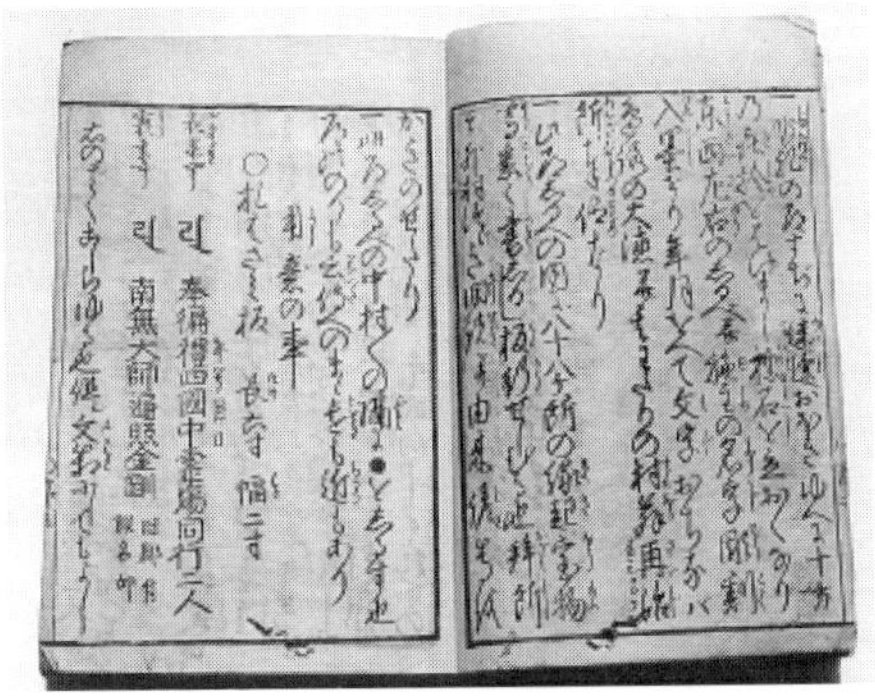

逆廻りの札挟み

札の表の左右にある祈願文は、『四国邊路道指南』の中にはまだ取り挙げられてはいない。その代わりに、表側には年月日の記述が、そして裏側には名前と出身地が載せられている。その他に、「南無大師」と「奉納」の上に梵字で「ユ」〔〕が付け加えられている。[16] 面白いことに、遍路の古い印は変わらずに札挟みの上に残っている。——全ての書物、最近の著作もこ

の点では一致している――札そのものは大変好き勝手に書かれたと思われるのだが。

札挟みが首から吊り下げられている状態で、遍路が順路通り行くか、あるいは逆の方向に廻って行くのかを知ることができる。〔順路通りの場合には〕文字は左から右へと書かれており、逆廻りの場合は、右から左へと読まれるように書かれた札挟みを〔首から〕掛けている。

## ◇手甲《てっこう》、脚絆《きゃはん》、尻付《しりづ》け

太陽の日差しから手や腕を守るために、手甲と呼ばれる防具で手を覆う(17)。それは腕の真中から手の甲全体を覆うもので、腕の裏の方で「足袋」にも付いている小さな金属製の金具で留める。一方、手の甲を覆っている部分は輪っかがあり、そこに中指を差し込み止める。手甲は白い布でできており、足の防具である脚絆はしばしば黒っぽい布で作られている。また座っている時に着物を守るために、白い約五センチ幅の帯の下から大きな一枚の日本手拭いが垂れ下がっている。これは「尻敷き」「尻付け」と呼ばれているものである。

以上のように、遍路の装束は決められていたのであろう。なお以前には遍路は、村の長また公職者から、あるいはそれは珍しいことではなかったが自分が檀家になっている寺院の僧侶から、通行手形を貰わなければ、遍路に出ることはできなかった。景浦教授の好意によって、私は文政六年（一八二三）の通行手形を手にすることができた。寛延年間（一七四八―一七五一年）の古いものを同教授の所で目にすることがあったが、その文面には多少の相異があった。さらに、私は松山の郊外にある立花に至る寺院で、若い仏教徒の友人から文化期（一八〇四―一八一八年）に作られた手形の見本を貰った。

**【註】**

（1）賀川豊彦によると（『死線を越えて』第六章）、阿波の地方では各々の村は毎年一人の男性を遍路に送り出している。

（2）第五十一番札所・石手寺の奇跡による別の例〔領主河野息利の子の麻痺した手が開き、一個の石が地面に転げ落ちた話〕は、ウィッテの『二つの文化の間の日本』三四七頁からの引用〔本書八四頁〕。

（3）阿波十郎兵衛。史実に基づく劇作品である。十郎兵衛は何かの理由で浪人になる。――劇作品と史実とはこの点において異なる。前者は事を美化している――、そして盗賊となって妻おみよと国中を廻って行く。祖父は年端もいかないおつるという娘にお金を調達して持たせ、三十三観音霊場の巡礼に出す。途中、その娘は父親に襲われ、そしてお金を渡すのを拒んだがために、自分の父親によって殺されてしまう。芝居に相応しく装われた子供のその衣装は巡礼の風俗に影響を与えたかと思われる。それまでは素朴な白い衣装であったものが、色彩のある、特に赤い色の着物が見られるようになった。しかし、私は四国ではそのような風俗は見なかった。

（4）四国で修験道の影響が現在まで見受けられる僅かな地点の一つが、おそらくここであろう。石鎚の山の神が崇敬されている第六十番の寺院では、法螺貝にその霊威の呪文が書かれている。

（5）この文に対して、当時既に厳密に規定された山伏の装備が比較されよう。山伏の装備のそれぞれは完全にその意義が定められており、何らかの仕方で、自身即仏《そくぶつ》の教義、つまり真言の即身《そくしん》成仏《じょうぶつ》に当たる教義に関係付けられている。十二からなる装備と十六の部分からなる装備とが区別されている。しかし、後者の場合には、さらに四つの部分が付け加えられている。個々の物の名前は次の通りである。

① 鈴掛《すずかけ》：〔修験者の入峰修行で着る法衣《ほうえ》※〕。
② 結袈裟《ゆいげさ》：袈裟（カサーヤ）であるが、しかし肩から脇に掛けるのではなく、折り畳んで首に掛けているもので、それは「ユイー」＝結《ゆい》袈裟と呼ばれている。
③ 頭巾《ときん》：ドイツの学生団体の被《かぶ》るつばのない、組合帽に似た小さな帽子。
④ ホオーラ：大きな法螺貝《ほらがい》。
⑤ 苛高念珠《いらたかねんじゅ》：数珠《じゅず》で、角ばった多くの珠《たま》を束ねた念珠。
⑥ 錫杖《しゃくじょう》：お経を唱える時に、拍子をとるための輪の付いた杖。
⑦ 斑蓋《はんがい》：台座。〔峰入りなどの際に用いられる檜《ひのき》で円形に作った雨露よけの笠＊〕。
⑧ 笈摺《おいずる》：〔仏像や経巻を入れた笈を背負うと、法衣が摺《す》れるのでそれを防ぐための袖のない肩衣＊〕。
⑨ 肩箱《かたばこ》：肩から下げる箱、肩の上に担われる箱。
⑩ 金剛杖《こんごうじょう》：遍路の杖。
⑪ 尻敷《しりしき》：座る時の腰衣、鹿あるいは熊の皮でできている。
⑫ 脚絆《きゃはん》：巻ゲートル。

⑬　緋扇：檜でできた一種の団扇《うちわ》。
⑭　柴打ち：柴を刈る刀。
⑮　走り縄：悪い霊を縛る綱。
⑯　草鞋《わらじ》：藁でできたサンダル。

（6）現在では普通の感謝、謝辞のきまり文句になった言葉。宗教的な意味についてはグンデルトのものを参照。「日本の能楽における神道」Mitt.d.D.Ges.Nat.undVolkerk.Ostasiens.Bd.xix.S.227

（7）通例、遍路はこの神託は当たっていると確信している。私の旅の第一日目は、若い仏教者が導いてくれた。彼はある場所でその神託を使い、そして成功裏に終えた。別の道の十字路では――私たちは雨のため、国道に出る本来の遍路道から外れていたが――私たちは自分の判断で行って、間違ってしまった。

（8）それに対して、私は西国巡礼の杖を見たが、「塔（ストゥーパー）」の形は正確に模写されていた。

（9）『仏教大辞典』は様々な読みだけを掲載しているのではなく、特に巡礼の杖についてはもう一つの箇所で言及している。それによると、まず、その杖がどのように使用されるものであるかを記述している。そしてその杖の四面は各々一・五インチほどの巾で、周囲は六インチの長さがあり、その杖は六大、つまり地、水、火、風、エーテル、意識の意義を持っている、と説明している。

（10）そのような札の幾つかは各々の寺院で見られるが、必ずしも素朴な材質からできているものではなく、赤や金字のある黒い漆塗りのものもある。

（11）考古学では有史以前の墓としている。このような盛り土は現在も見られる。

（12）同様な話は橘諸兄の物語にもある。彼の息子が西国第二十七番の観音寺院、書写山円教寺の創始者となっている。ただ頂の尖った石材の所在地には問題がある。

（13）景浦教授の好意で、私は貞享時代に由来する非常に古い年代記『二名集』を見ることができた（二名というのは、伊予の古い名前）。そこにはこのような伝説が既に伝えられている。現在では、分かり易い言葉で校訂され参考にされている。

西国三十三ヵ寺の場合は、札の起源は花山《かざん》天皇が粉河《こかわ》の観音で歌一首を札の上に書いたということに起因する。現在保存されている「札」は十六世紀初頭に由来するもので、従って、花山天皇よりは五七〇年から五八〇年も新しいものである。しかし、四国札所寺院の古い札よりは古い（参照、稲村〔『西国三十三所順礼歌の宗教』〕、五九四頁）。

（14）全部で十種類の相違する大師像がある。その中でも有名なのが次の二つである。

目引き大師……大師が中国に旅発つ前に、母のために描かれた。

高野大師……真如皇子によって大師の死の前に描かれた。高野大師は僧の座る椅子に腰け、左手に数珠を、右手には五鈷杵を持っている。

（15）しかし、相原によると、八回から二十一回は白で、何も描かれていない。二十二回から四十回は赤、四十一回から五十回は銀、五十回を超えると金となる。

（16）「ユ」〔〕は弥勒菩薩の印（日本語では種字）である。おそらく古い案内書では、梵字を真言の中心仏である大日如来の印「ヴァン」〔〕（日本語ではバン）と書き間違えたのであろう。

（17）案内書の中では「k」を二重に書くことで〔tekkō〕と発音させている。

# 第四章　遍路の行程

## 第一節　旅立ちと出発

遍路は準備を調えた後、旅立ち（門出）に都合のよい日を選ぶ。もし四国に住んでいる場合には、故郷の寺院から始めることができる。九州の出身者は、通常船で別府から宇和島までの海路をとり、そして第四十一番から始める。あるいは別府ないし門司から高浜へ行き、そして第五十二番・太山寺《たいさんじ》から始める。伊予の国の守護寺である太山寺は伝説によると、九州出身の人が築いた寺院ということである。山口県、広島県出身の人たちもまたここから好んで始めている。一方、岡山からは船で高松あるいは多度津へと渡るルートが選ばれている。そして琴平の金毘羅宮を参拝した後、空海の誕生地、善通寺から始めている。神戸、大阪さらに東の方からの人びとはたいてい船を利用する。その船で遍路は有名な鳴門海峡に近い小さな港町撫養《むや》に着く。

現代における海路の需要とその政治的な関係はここでも見られる。例えば、ある特定の都市に有利なように海路の位置が、いかにずらされているか、古い著作物を手に取るとよく分かる。出版物は大阪で刊行されたので、大阪との繋がりが挙げられる。
当時、人びとは徳島へ行き、そこから二時間の行程で板東へ、そしてそこにある霊山寺《りょうぜんじ》から始めるために徒歩で行くか、あるいは同じほどの行程で恩山寺《おんざんじ》（第十八番）へ行くかどちらかであった。恩山寺は言い伝えによると、空海の母の遺骨が埋葬されているという。第二番目の航路は丸亀行きであった。しかし、現在では高松や元々地形に恵まれ便利な多度津に、その地位を譲ってしまった。この第二の航路は十八里（七〇キロ）にもかかわらず、運賃は同じであった。『四国邊路道指南』によると、銀二匁《もんめ》という金額であった。しかし、天保期には既に四匁になっている。また、古い案内書〔『四国徧礼道指南増補大成』〕には、次のような掟が定められている。

「遍路の渡海——男一人、女一人の組み合わせはならず、男女共に一人はならず」

男女が単独で旅行を共になすべきではないということとの意味は、遍路が旅の途中においてあらゆる男女関係を抑制すべきであるということにあった。また以前は、単独の男性あるいは女性を一般的には拒否していたと思われる。というのは、事故が起こった場合に当人の面倒を看る者がいないという理由で、また船主が厳格な取り締まりをする警察を煩わせたくないということからであった。
『東海道中膝栗毛』の中には、例えば弥次郎と喜多八が大坂で同行者がなくて困っている見知らぬ男から一緒に行くことを頼まれて、困難に遭遇するというような一節がある。丸亀への途上で船が嵐に遭って、その男が船酔いで亡くなってしまう。弥次郎と喜多八はその同行者の扱いに対応しなければならなくなる。しかし、現在ではもはや、そのようなことはあり得ない。また、たいていの船会社は遍路に対して船賃の五分の一を割り引いている。

早朝の二時か五時の間に、その船は撫養《むや》に到着する。三月、四月の場合、沢山の船に出会うことがある。まさに大いなる体験を前に緊張しているという同じ思いをもった人たちである。遍路が二回目となる人たちは、彼らの体験が試される。一方、他の人たちは四国遍路の準備と御詠歌の練習をする。遍路に同行する僧侶は、大師と祈りについて説教をする。そして多くの遍路は眠ってしまわないために、代わるがわる小さな桟橋を渡って朝の冷たい空気を吸いに出る。

一部の人はまず簡単に行ける鳴門海峡を訪れる。人びとは船で鳴門の島に上陸する。そして一時間半から二時間歩いてある地点に到着する。そこから、干潮時に大量の海水が激しく渦を巻いて轟音を立て、一五〇〇メートルの幅の海流が落下するのを見聞する。そのものすごい自然の景観は目の前の大いなる遍路の厳かな幕開けとなるのである。他の人たちはその間、宿舎や船会社の待合室で休息をとっている。そして夜が明け染める頃、寒さが幾分緩んでくるやいなや、霊山寺のある板東へと出発する。そこで各々の遍路は印刷されたパンフレットを受け取る。それは「遍路の規則」と呼ばれるもので、翻訳すると次のようになる。

## 第二節　「遍路の規則」

「宿泊所に到着したら、このパンフレットを落ち着いて読んで下さい。四国霊場の巡拝に際して遵守すべきことです。

遍路はその身を不純なことで穢《けが》さないように。また悪しき思いを抱かないように。浄化された身体と純粋な心で滅罪の遍路を行わんことを。従って、遍路の間、他人をも善きことへと力づけんことを。そして自らも十の戒めを実践せんことを。いかなる困難や嫌なことに陥ろうとも、怒りの念を生じさせないように。専ら信仰に基づいて行っている遍路であって、ほんの少しの不注意によって悪しき結果に終わるというのは、大変残念なことであろう。従って、遍路は己の誓いの成就を実現するために気を付けんことを」

「到着した寺院で遍路はまず最初に落ち着いた心で合掌をする。そして宝号を斉唱し、急ぐことなく経文を唱和し終え、人びとが押し寄せる所ではあまり遠くに離れず、自分の手荷物を身近に置いて充分な注意を払うように。というのは、全く悪意なく簡単に荷物の取り違いが生じないようにするために。手荷物の中には身に付ける最小限必要なものを入れて持ち運ぶこと。差し当たって必要としないものは、予め適当な寺院へ発送するのがよい。札入れ、お金等々をいかなる事情があろうともしまっておき、他人には見せないように。弁当用には編み物の箱がよい。自分自身の木製のお茶椀、湯飲み茶碗、そして箸を持ち合わせておいた方がよい。履き物は草鞋《わらじ》が最も相応しい。しかし、別にもう一足を事前に備えとしていつも携帯すべきである。もしゴム底の「足袋」を使う場合、確かに一足で充分であるが、途中で早く足を痛めることになると思われるので、難儀になるかもしれない」

「共に遍路をしようという同行者《どうぎょうしゃ》は互いに心から喜び、親切に援助しあうべきである。身体の弱い、あるいは病気に苦しめられている遍路に出会ったならば、あたかも自分の身に起こったかのようにその人の看護に力を尽くすべきである。それが仏陀の心に叶おうとする慈悲の心である。遍路の途中で、引き続きやって来る遍路たちと上手に理解し合うため、「仲間」の選択に当たっては、慎重であれ。確かに仲間とお喋りするのは、一人で遍路をするよりも心地よいが、その際私たちの信仰が傷つけられるような場合もあることを考慮しておくべきである。特に、遍路経験を引き合いに出す人たちには気を付けるように。つまり、大変愚直な印象を与えるよくない人たちがいるものである。彼らは有効な祈祷を知っているとか、あるいは秘密の呪法を教えようと、その詳しいやり方を示したいものだから、近づいて来て話しまくる。そして終いには、彼らは強引に遍路からお金を巻き上げてしまう。それに、またことによると女性に乱暴をしかねない。そういう人たちが四国の街道にいて、また彼らはそこでたむろしており、「常習者」と呼ばれている。そういう人たちは遍路の衣装をまとい、四国の路上にうろついて、それで生活をしている。その人たちに祈祷してもらうことはもちろん不必要である。ただ心から大師に従うことによってのみ遍路の願いが聞き入れられるのである。従って、そのような人たちに気を付けるように。また遍路の杖、札挟み、そして札等々に名前と住所をあまり詳しく書かないように。それに遍路の個人的な関係についてあまり多くを語らないように。というのは、毎年沢山の人たちが郵便為替の詐欺に遭っているからである。途中至る所に道標がある。だから、道標のない所を行ってはいけない。

　宿泊所に到着したら、自分の足を洗う前に杖を洗うように。手荷物を部屋の至る所に分散させないで、たとえ面倒でも全てをまとめて荷造りしておくように。さもないと荷物を紛失してしまい、後になって後悔しても仕方がないから。宿を出る時には、「オン　アト　ミヤ　ソワカ」と三回言ってみるように。そうすると、何物も忘れることがないだろう。早く起床し、早く到着するという規則は、現在でも昔と変わらず価値がある。宿泊に招待された所は、安全で待遇が悪くはない。だから、日がまだ高く昇っていようとも、そこに立ち寄ってよいだろう。なお、もう少し先へ進んで行こうとするような場合、しばしば道は長引くものであり、予想よりも遅くなってしまう。また、夜を何処で泊まるかは、人には分からないものである」

職業遍路（集印した納経帳に触るとご利益があるという）※

「修行、つまり見知らぬ人びとの門の前に立って、喜捨《きしゃ》（祈祷文を唱えることに対する代価）を請うという修行を、毎日二十一軒の前で行うべきである。それは大師が一つの修行として定められたことである。そのようにすることは、敬虔な気持ちの形成には、大変よい訓練となる。お金や物のためにそうするのだと考えてはならない。物を貰うことを目的とする人は、単なる乞食である。またそれは、その人の敬虔な気持ちを低下させてしまうのである。この点をよく考え、そしてそれに相応しく行動するように」

接待の返礼に納札を渡す遍路（上田雅一氏提供）

「三月から五月の春の時期には、至る所で「接待」が見られる。信心深い人の手からあらゆる種類の贈り物が差し出される。「善《ぜん》根宿《ごんやど》」、つまり信心深い人びとが宿を無報酬で貸し与えるというのである。与えられれば感謝して受け取るべきであり、それに対して自分の札を手渡すべきである」

「慌《あわ》ただしい心で行われる遍路は、「飛脚」[1]と同じような遍路で、敬虔さには至らないものである。そんな場合には、ただ怪我をするのみだろう。だから、それは止めるように忠告する。余念なく落ち着いて、急ぐことなく祈り、「南無大師遍照金剛《なむだいしへんじょうこんごう》」を口にして遍路をするならば、それは本当の遍路を意味する」

「南無大師遍照金剛」

「追伸――遍路中、精神的な悩みを感じる人、あるいは心に何らかの心配事を持っている人は、信頼できる札所の僧侶に相談するように。遍路の規則に対して何かご意見のある人は、それは全ての遍路に関わりがあるので、直接、あるいは手紙（署名入りの）で連絡して欲しい。
四国一番霊山寺
奉呈　芳村智全」

案内書にある諸規則にはよく似た内容のものが書かれており、さらに詳しく書かれているものもある。「札所」で遵守することについて、また札を納める寺院をどのように呼ぶのかということなどが、様々な書物にはより詳しく記述されている。

「札所に到着すると、手桶の水を手に注ぎ、本堂の前庭に心静かに赴き、そして札を取り出し、それを本尊に捧げる。罪深い思いを浄化し、誠実なる崇拝の念を表し、そして心から祈りを唱えるように。（これは祈念文より整った〔ローマ字書き〕――また各々の寺院で全ての祈祷を唱えるべきであるというように、押しつけているわけではない）」

## 第三節　祈　祷

遍路がきちっと行わなくてはならない十五の祈祷の中には、古いサンスクリット語を日本語に音写したものと、マントラから日本語に翻訳された真言の祈祷とがある。祈願文には天皇（Himmelskönig）という言葉ではなく、天子（Himmelssohn）が使われていることが注目される。最近のある書物は、その代わりに今上天皇（Seine Mäjestät der regierende Kaiser）を挙げている。しかし、二十五年前には、依然として「天子または皇后、それに様々な役人や軍人」という言葉の代わりに、「天皇または将軍」という言葉を使うのが普通であった。当時において、将軍というのはもう既にその役目を終えてしまっていたのではあるが。特に、天皇に忠実な土佐の人びとはこのような祈祷を喜ばなかった、ということは理解できる。

次にテキストに即して祈祷、ないしは真言と陀羅尼の文言を翻訳してみる。祈祷文の順序並びに十三の祈祷文の内容には多少の差異が見られる。そして新しいが、多少信頼できる便覧は、さらに御詠歌を省いている。そのテキストは、真言宗の規範によると、それを家族にまでは課していなかったが、個々の信徒には課せられていた日々の祈祷と比較してみた場合、前に引用した案内書の三好広太著『四国遍路同行二人』と、幾つかの規範は欠落しているが、八、十二、十三の祈祷文と前置きに至るまで一致しているのが分かる。

一　祈願文—私は祈ります。この霊場の本尊の慈悲に、大師のために、大神宮（天照大神）のために、土地の守り神のために、また全ての日本の偉大なる神から隅々の神々に至るまで、天皇や皇后のために、様々な役人や軍人のために、我が父と母のために、私の師と上司のために、私の六等親の眷属のために、また私の家族のために、そして差別なき法の世界のために。

〔納め奉る此の所の御本尊、大師、大神宮、鎮守、総じて日本大小の神祇、天子、皇后、文武百官、父母、師長、眷属、乃至法界平等利益。安達忠一『同行二人　四国遍路たより』昭和九年より、訳者挿入〕

二　懺悔文《さんげもん》（一度）—私が以前なした悪しきことなど、それら全ては私の限りなき欲望から、また怒りや愚かさから出たものである。身口意《しんくい》に由来する全てのもの、それを今私は懺悔する。

三　三帰《さんき》（三度）—弟子某は今後、仏にこの身を委ね奉る。仏の尊い教え〔法〕、そして様々な御師〔僧〕に帰依奉る。

四　三竟《さんきょう》（三度）—弟子某は仏の世界、教えの世界、そして御師の世界に帰依奉る。

五　十善戒(2)（三度）—弟子某は今後次の戒を踏み越えないことを誓う。

いたずらに殺生をなすことについての戒　〔不殺生《ふせっしょう》〕
他人の財を略奪することについての戒　〔不偸盗《ふちゅうとう》〕
無慈悲な欲望に対する戒　〔不邪淫《ふじゃいん》〕
故意なる偽りに対する戒　〔不妄語《ふもうご》〕
真実にそむいて巧みに言葉を飾ることに対する戒　〔不綺語《ふきご》〕
他人の欠点を嘲笑うことに対する戒　〔不悪口《ふあっく》〕
人の間を裂く二枚舌に対する戒　〔不両舌《ふりょうぜつ》〕
破壊と恥辱をもたらす貪欲《とんよく》に対する戒　〔不慳貪《ふけんどん》〕
頑《かたくな》な怒りに対する戒　〔不瞋恚《ふしんに》〕
三宝（仏法僧）への嘲笑、侮辱に対する戒　〔不邪見《ふじゃけん》〕

六　発菩提心真言《ほつぼだいしんしんごん》（三度）[3]―オン　ボジシッタ　ボダハダヤミ

七　三昧耶戒《さんまやかい》真言（三度）―オン　サンマヤ　サトバン

八　讃辞―もし仏智を得たいと思うならば、人は完全に敬虔な心を持たなくてはならない。
同時に両親から頂いたこの現身をもって、私たちは発菩提心を獲得せんことを願う。

九　光明真言《こうみょうしんごん》（二十一度）―オン　アボキャ　ベイロシャノウ　マカボダラ　マニハンド
マ　ジンバラ　ハラバリタヤ　ウン

十　十三仏の真言（各々七度）

a　不動明王——ノウマク　サンマンダ　バザラダン　センダ　マカロシャダ　ソワタヤ
ウンタラタ　カンマン

b　釈迦如来——ノウマク　サンマンダ　ボダナン　バク

c　文殊《もんじゅ》菩薩——オン　アラハシャノウ

d　普賢《ふげん》菩薩——オン　サンマヤ　サトバン

e　地蔵菩薩——オン　カカカ　ビサンマエイ　ソワカ

f　弥勒《みろく》菩薩——オン　マイタレイヤ　ソワカ

g　薬師如来——オン　コロコロ　センダリ　マトウギ　ソワカ

h　観音菩薩——オン　アロリキャ　ソワカ

i　勢至《せいし》菩薩——オン　サンザンザンサク　ソワカ

j　阿弥陀如来——オン　アミリタ　テイゼイ　カラ　ウン

k　阿閦《あしゅく》如来——オン　アキシュビヤ　ウン

l　金剛界と胎蔵界の大日如来——　オン　バザラ　ダトバン、オン　アビラウンケン

m　虚空蔵菩薩——オン　バザラ　アラタンノウ　オン　タラク　ソワカ
ノウボウ　アキャシャ　ギャラバヤ　オン　アリキャ　マリボリ　ソワカ

十一　大師の宝号（二十一度）——南無大師遍照金剛

十二　金剛輪の陀羅尼（七度）——ノウマク　シッチリヤジビキャナン　タタギャタナン　ア

ン　ビラジ　ビラジ　マカシャキャラバザリ　サタサタ　サラテイ　サラテイ　タライ　タライ　ビダマニ　サンバンジャニ　タラマチシッタギリヤ　タランソワカ

十三　祈祷（一度）―あらゆる重き罪と五つの重罪が滅ぼされんことを。

十四　当該寺院の御詠歌（ここで引用された案内書の中で、それほどでもないものとして挙げられている）

十五　回向―私たちは祈祷する。この慈悲があらゆる存在に与えられんことを。私たちはあらゆる衆生と共に仏の道に至らんことを。

## 第四節　納　経

通常、遍路は本堂と同様に、大師堂でも読経する。遍路はそれを終えた後に、どこかに「納経所」という表示板がないかどうか、周りを見渡す。「納」は払い込む、送り届ける、手渡す、という意味であり、「経」は聖なる文書、つまりスートラである。「所」は場所をいう。従って、「納経所」は人びとが経を奉納、あるいは手渡す場所である。

現在でもごく僅かな遍路はこの意味を知っているだろうが、私は「納経」を「文書の捧げ物」として翻訳しようとした。昔は書物を手書きしていたので、貴重であったのであるが、遍路に際しても各々の寺院の書庫に経典を奉納することが大切とされたのである。寺院に写経本が増えた

写経した普門品を納めた箱※

ので、写経を奉納する代わりに納経料を払うように変わった。事情に応じて納経料の金額は決められていたり、遍路の意向に委ねられていた。しかし、このことは何度ももめ事の種になった。

既述のように〈四国猿〉が一九〇一年に大きな諍《いさか》いを体験している。それは土佐の津寺〔津照寺《しんしょうじ》〕に行った時、約二〇〇人の遍路と三、四人の僧侶たちとが争っていた一件である。遍路たちは各々強く値引きを要望した。それはかなり罰当たりな振る舞いであるが、それに対して僧侶たちは遍路に罵詈雑言を発し、応答していた。現在では、納経の料金は全ての寺院で五銭と決められている。一年に三、四万の遍路が払う総額は、三、四〇〇〇ドイツマルクの収入に匹敵する。それは八十八ヶ寺の各々に遍路たちが訪れることによるものである。なお、寄付金や葬儀、護符の売り上げ、お線香等々の収入はまた別である。

先に記したように、私は土佐の津寺で納経料の他に鐘楼の瓦代として十銭という金額をさらに要求された。その寺では新しく建物が建てられ、そして熱心な寄付者の名前を記した小さな木札が打ち付けられた大きな立て看板が奉納金の集まり状況を示していた。そうした二、三の寺院を通りかかったが、私は他にどの寺からも特別の寄付を要請されなかった。新しい案内書には、一九二四年に寺院はそのような半ば強制的な寄付金を無理強いしないことで一致した、とはっきりと書かれている。従って、津寺は例外である。

通常、五銭を納め、そして僧侶——あるいはあまり教養のないと思われる、納経帳に書き込みをする人——に窓口で納経帳を差し出す。この帳面は縦約三〇センチ、横幅二〇センチの白い冊子で、和綴じにされた六十枚の素朴な白色、あるいは黄色みがかった用紙でできている。納経帳を書く人はその帳面を手に取り、まず恭しく額の高さまで持ち上げ、それから自分の前にある低い机の上にそれを置く。そして墨を磨った後、躍動感のある筆使いで書く。

納経帳を書く札所の住職（第56番・泰山寺）

数多く巡拝したことを示す納経帳（重ね判と呼ぶ）※

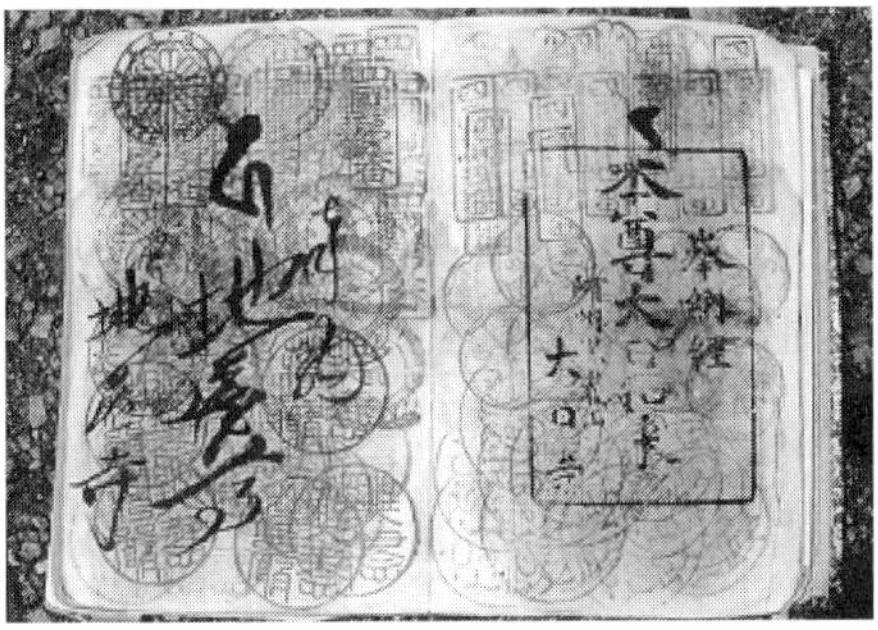

一行目の上…奉納
二行目（大きな文字）…本尊　薬師如来[4]
三行目…恩山寺、乃至はその寺院に相応しい名前

「本尊」という言葉の代わりに、多くは本尊に相当するサンスクリットの文字、いわゆる「種字《しゅじ》」を書く。それから納経帳を書く人は自分の脇にある印章箱を手に取り、三つの朱

最後まで残った木版の納経印
（平成十一年末まで、第４番・大日寺）

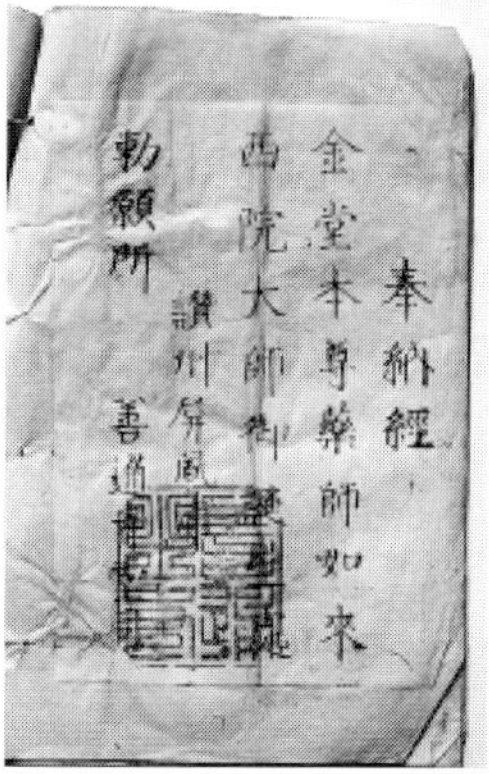

江戸時代の納経帳（第75番・善通寺）
（木版、日付が書かれていない）

印を文字の上に押す。右上に〔四国第□番と＊〕彫った細長い印[5]を、真ん中には本尊の印章を、そして左下には寺院の名前を彫ったかなり大きい長方形の印章を押す。その後、小さな手箱から本尊の姿を描いた木版画に寺院の札所番号と寺院名が書かれた紙片を取り出す。そして今しがた書いた納経帳のページへその小さな紙片を差し込む。厳粛にして礼儀正しい態度でその納経帳を白装束を直した遍路に返却する。このようにして印章の押された納経帳を授けてもらう。

僧侶は一般に能書家として知られている。しかしながら、初めは未熟な書家であっても千回否何千回もの稽古を積み重ねれば、徐々に素晴らしい腕前になるということはよく知られている。だからその納経帳は遍路を終えた後には、筆跡見本として最高の興味を引く収集品となる。ある寺院ではほとんど十歳に満たない若者が納経帳に確かな手つきで書いていたのを私は見た。そのことを多くの大人たちは誉め讃えているようであった。しかし、残念ながらいわゆる納経帳を書く人は一般にぼんやりとしているように思われる。中にはこの場合に備えて、大きな長方形の黒い木版が存在する寺がある。しかし、それは遍路からは余り評価されていない。一年中ずっと参詣者が絶えない善通寺のような有名な寺院では、時間節約のために人びとはそのような木版で済ましてしまっている。因みに、「納経所」で使われる印章の朱肉はたいていドイツ製である。

## 第五節　接待と修行

私が第六十六番札所、海抜一二〇〇メートルの高さにあり、雲の上に聳え立つという意味をもつ雲辺寺《うんぺんじ》で、納経を済ませて境内を去ろうとしたまさにその時、お茶とお菓子そして草鞋や紙、遍路用のお土産品を小さい手箱の中に入れて売る準備をしていた一人の婦人が近づいてきた。そして私に一銭硬貨を手渡したのだ。私は鉄道や車で遍歴する旅行者並の遍路だったので、その贈り物を受け取るのに全く相応しくないと思って、最初はそれを受け取ろうとしなかった。私は遍路の装束を一度も身につけたことはなかった。しかし、私が金剛杖を手に持っていたので、その親切な婦人は目を逸らさずにお金を手渡したのである。そして「どうぞ、お接待」と言った。それで、私は結局それを受け取った。私は全く未経験者であることを忘れてしまっていた。――私の旅程の始まりはほぼこのようなものであった――私の札を快活なその婦人に手渡すべきであったのではなかろうか。初めてある寺院に宿泊した時でさえ、次の朝、その寺の僧侶からの贈り物全てを、説明して断わった。それは接待だったのだろうか。「遍路の規則」で述べているこの接待とは、そもそもどういうものなのだろうか。

この言葉の起源はあまりはっきりとはしていない。ブリンクリ（Brinkley）の辞書や『言海』では「せつ」という表記に、「触れる」と「一致させる」、そして「たい」は「提供する」「待つ」という二つの意味を与えている。つまり一、客を歓迎してもてなすこと、二、食べ物と飲み物を無報酬で振る舞うこと。そこで、この第二番目の意味を取って、『言海』は施与の同義語として、またブリンクリの辞書では「施与」として表記している。すなわち「施」は施し物、そして「与」は与えるということである。『仏教大辞典』は「接待《せったい》」の所で「摂待《しょうたい》」の項目を参照するように指示している（「せつ」は受け取る、助ける、「たい」は提供する）。そして次のように説明している。「ショウタイまたはセッタイと読み、門茶ともいう。巡礼や旅をしている僧侶たちに施し物を与えること。人は道にあるいは家の前に清水、お茶を置いておく。それは通りかかった旅の人たち、あるいは「修行」に励んでいる僧侶にそこで飲んでもらうためである。」

ブリンクリの言うように、「接待」は一般的に通用しているような慈善行為というある限定された意味ではない。他方、四国では慈善行為が全く特定な仕方で理解されている。それは、『仏教大辞典』で説明されている概念をはるかに超えているものである。さらに二、三十年前までは、遍路を終えて彼らの体験について書いた小冊子を無料で知り合いに配布していた様々な人たちがいた、ということが考えられる。そのような小冊子は「施本」（施は施し物、贈り物、ほんは本）と呼ばれていた。その他に、我々が先ほどみたように、「接待」は時には「施与」と書き直されている。

それで、〈四国猿〉が繰り返し書いているように、「接待」は本来「施待《せたい》」（「施」は施し物、「待」は提供する）を意味するのかどうかが、問われる。短く強調された母音の後に隠されている単純な子音が二つあることは、偶然というものではないだろう。「江戸っ子」はそのことに対する最もよく知られた事例である。それはまた、遍路の装束の中の一つの言葉にも見受けられる。すなわち「手甲」の代わりに「手っ甲」という語である。そこで、「e」の後ろに子音を二重にもっていく言葉、つまり「せたい」「せったい」というこの二つの言葉の血縁的意味についても、それが自然に入れ換わったのであろう。発音上の一致から表記の同化へはほんの少し歩を進めればよい。

四国での「接待」はお茶を差し出すことに限られているわけではない。確かに各々の遍路にお茶でもてなす寺院がある。茶を多く栽培している地方にある二十一番札所と二十二番札所の間の阿波・阿瀬比《あせび》村では半時間以上の道程にある各家で、人びとは休息とお茶を勧めてくれる。しかし、これは遍路に「接待」が施される一部である。〈四国猿〉は以前一日歩いて接待を受けた全てを記録するという骨の折れる仕事をしている。そのことによって、彼は次のリストを得た。

| | |
|---|---|
| 髭剃り | 一度 |
| 用足し用の紙 | 一巻 |
| 小豆飯《あずきめし》 | 一椀 |
| 現金 | 五厘 |

用足し用の紙　一巻
白い米菓子　三個
黍《きび》菓子　二個
小豆飯　一椀
薩摩芋　一椀
白米　一合（〇・一八一リットル）
白米　一合
白米　一合

翌日、誰かが荷物をさらに一つ「接待」として担いで行った。一方、その日が大師の命日に当たり、徳島ではその一部を学童に与えるほど沢山の紙をもらった。「それはまさにかなりの半紙が元々の所に戻って行ったのだろう」。この「接待」が施される主な時期は春である。その時期を過ぎると、農家の人はやらなければならない仕事が沢山あり、接待にはめったに出ない。だから、このような特別な準備をしても役には立たなかった。しかし、春には寺院の近くでは活気に満ちた生活や往来が醸し出された。〈四国猿〉は提供されたもの全ては食べきれなかった、と一度ならず書いている。

有田の接待講中を乗せた接待船（昭和 45 年）※

農家の縁側の所で、女性の遍路が髪を解いて日向《ひなた》に座っているのが見られる。一方、他の壁の所では、少女や婦人が彼女らの髪に油を塗るために、また髪を結うために跪《ひざまず》いている。さらには、髪を剃ったりしている。ある二、三の村では「接待」は市町村の施設で取り扱われている。毎年市議会で決められた二、三の家族は、その役目を引き受けなければならなかった。阿波では現在もなお、老人や身体の弱い遍路を「接待」として、一区離れた所まで送るような人力車夫たちがいる。新しい案内書の一つには、世界で唯一存在する「接待」のこの習俗は、それを欲する人の誰からも期待されている、と書かれている。

第七十四番の裏側約一〇〇メートル離れた所では、医者が遍路を無料で診察し、「接待」として無料で艾《もぐさ》を置いている。四国遍路道から一〇キロから一五キロ離れた所からさえも、人びとは施し物を持って寺院にやって来る。それどころか四国からはるかに遠く隔たっている九州〔大分と〔宮崎＊〕〕から、また紀伊半島から毎年施し物を積んだ船、「接待船」で人びとがやって来る。

この美しい慣習は、もちろんキリストの教える言葉と同じ精神に由来している。それは「あなた方が、私の友の最も貧しい者のうちの一人になしたことは、私にしたことである」〔マタイ伝二五—四〇〕。遍路に食事を与える者は、まさしく大師に、遍路を共にしている大師に食事を与えることなのである。それ故に二、三の地域では、家の主婦は接待に二つの飯椀を持って行く。一つは我々のために、今一つは我々の目に見えない同行者〔弘法大師〕のために。

また、遍路道には春の時期に、彼らの最も良い部屋を綺麗にし、そこを遍路に寝場所として提供する人たちがいる。そのような宿泊所は特に高く評価されている。というのは、普通の宿泊所よりはるかに上等で好まれるからである。それは「善根宿」と呼ばれている（「ぜん」は善い、徳のある。「こん」は活動。「やど」は宿泊所）。このように遍路を宿泊させることは、特に善い行い、また立派な行いとされている。それに案内書（『四国邊路道指南』）によれば貞享の時期から既に「くほ河（村）」の次のような例が見られるという。「此町しも、と七郎兵衛やどかし、善根なす人あり」と。しかし私は接待という言葉を、古い書物の中には見出せなかった。その言葉の代わりに、『四国邊路道指南』の著者は、例えば「此町ハ辺路をあわれむ人多し」（この地方には遍路に同情を持つ人が多い[6]）という言い方をしている。

「接待」としばしば区別されることに、「修行」がある（「しゅ」は稽古、「ぎょう」は逍遥＝（歩き廻ること））。遍路道に住んでいる人たちが自主的に、特に春の時期に施し物を捧げたり、他の行をするのに対して、「修行」は、我々が「遍路の規則」で見たように、遍路の方が行う宗教的な修練の一種である。その行によって遍路は恭順、忍耐、柔和へと、また同朋の善意を信頼することへと教育されていくのである[7]。

私たちがその人に何をしたということもなく、偶然に出会っただけで何の関係もない赤の他人から施し物を受け取らなければならないということは決して気持ちの良いものではないが、それを拒絶することは罪になるのだろうか、それは全く分からない。それどころか、一度も面識のない人たちの門の前に立つことや、また他人に菩提心《ぼだいしん》、つまり敬虔な心を呼び起こさせるために、また彼らにその機会を与えるために、さらに慈悲心を立証するために、合掌して数珠をもって祈りを唱えることは、まずもって半面からすれば、自分自身を傷つけ卑しめることになるだろう。というのは、修行の価値は上述のような教育的な働きと並んで、他面において次のことにあるからである。つまり、家の中に居る隣人が慈悲の心を促され、また遍路への援助によって遍路からの祝福を分かち与えられるという可能性を得ることにあると同時に、しかしその際初めから、必ずしも「気前よく戸を開けてくれる」わけではないからである。それどころか、幾度も家の戸口を閉ざされたまま、その家の前を通り過ぎて行くこともたびたびある。またその代わりに、その中からほんの微《かす》かな丁寧な促し、「お通り」という言葉が響いてくることもある。五、六度立て続けにこのような仕方で断わられた場合、弱気にならないよう、また「遍路の規則」が適切な数として一日に数える二十一軒だけではなく、全てをこなし終えるためには、きっと何かそのような逆境を乗り越えるための勇気と信頼というものが不可欠なのである。それが修行のもう一つの意義であるからである。

しかし、「修行」は同時に大きな欠点をも持っている。つまり、宗教的な性格をあまりにも軽くしてしまい兼ねない修練でもあるということは、想像にかたくない。「遍路の規則」は、歓迎されながら営まれるということが正当である、と注意している。

「お修行」する遍路たち※

しかし、もし私が歓迎されないで行っているとすれば、その場合には私は他人を促して贈り物をさせているということであり、その結果は無理強いしているということになる。そしてそれでは、修行の宗教的意義は減少してしまうであろう。しかし、修練と——率直に言えば——物乞いとの間の心理学的な境界線はあまりにも微妙なので、この程度の理解では明らかに修行については単純な理解しか得られないであろう。

たいていの遍路は必要不可欠な費用のほぼ半分だけを持って出る。残りを「接待」と「修行」によって工面すべきを念頭に置いている。それ故、彼らは施し物がかつかつになる場合には、遍路道から人里離れた廻り道や、まだ知られていない村々を行くのを憚《はばか》る。その際、時には二十一軒という数字を上回ることもある。多くの者は恥の感情を失ってはいない。私は二人の遍路の困惑した表情をまだはっきりと覚えている。二人はある朝、宿泊所で朝食の前に、「修行にかかりますから、お先に失礼いたします」という言葉を残して別れを告げた。私は何故に彼らがそんなに急いでいるか驚いた。しかし、土佐では人びとがまだ「寝間着」を着ている間に「修行」に行かねばならない、ということを後で知った。

しかし、「仕事を始めるとやる気も起こってくる」という諺通りの状態になる別の人たちがいる。つまり、修練の結果として得られた喜びが当初の物怖じする気持ちをなくしてしまうような人たちである。それでなくても、彼らにとっては慣れが繊細な感情をますます無感覚にしていく。それで、元に戻るようになることはなく、もはや彼らに辛い思いをさせるというようなこともなくなっている。

それどころか、彼らは宗教的修練とは何であるべきかを綿密に考え抜いた技術へと訓練されていくのである。そしてその技術には、必要不可欠な小道具がなくてはならない。つまり、簡単な杉材の杖の代わりに、上の方に輪っかの付いているだけの高い棒を一振り一振り激しく打ち合わせる技術である。また、できるだけ庇《ひさし》の深い笠、音の大きな鈴、沢山の玉のついた大きな数珠。そしてできれば巨大な赤い房の付いた法螺貝。さらに祈祷を単調に唱える器用さ――しかし、人にはその言葉が分からないように――、御詠歌を唄う時には音域を変える習熟。それに加えて、全てを超える厚かましさである。彼らは生活のある時期だけを四国路に向かうのではない。彼らにとっては、遍路は職業なのである。このような彼らを「常習者」と言う。そこで、「遍路の規則」には次のような注意がしてある。もし四国で「修行」が物乞いと同義語的に言われる場合には、彼らに起因するのである、と。

最初の遍路の日に、同行者が私に話しかけてきた。「お連れ様、順ですか、逆ですか」と。その人は話の糸口を見つけた後、同伴者が病気で、それに京都へ帰るお金を必要としていることを説明した。しかし、その時私は彼に二円を上げない方が良いのではないかと考えた。その後、彼は経験のあまり豊富でない、遍路をうまく始めようと思っている人に出会ったことは幸いであった。

私は後に宿泊所で常習者と知り合いになったが、それは阿波の十九番と二十番札所の間にある生比奈村《いくひなそん》でのことであった。〔そこへ行く〕立江《たつえ》という小さな村の、村名と同じ名前の寺院で私は驚きをもって見られた。というのは、私がお昼をかなり過ぎていたにもかかわらず、都合のよい交通手段を使えば、次の寺院である鶴林寺《かくりんじ》へ約一時間半の道程のところを、〔徒歩で〕一山越えようとしていたのを見てのことであった。私は予め問い合わせ、二、三の宿の名前を聞いていた。ところが、生比奈村に到着した時、至る所で「満員」であると言われた。それで結局、村の外れにあると聞いていた遍路用の宿泊所の一つが見つかるまで、どの人も違う所へ行くように私に勧めたのである。そこではもう一人の男性が入口に立っていて、宿泊を求めたが、宿の主人は初めは泊める気はもうとうない様子であった。しかし私が足を踏み入れ、私の願いと事情を申し述べると、やっと泊めることを承諾してくれたのである。これには助かった。我々二人は部屋に入り、そして入口の並びの部屋に居るようにと言われた。

そこには部屋の真ん中に緑色の蚊帳《かや》が張られてあった。その中に小太りの四十がらみの男性が素っ裸で横になっており、大きな団扇で煽いでいた。女主人が台所に消えていくと、直ぐその男はぶつぶつ言い始めた。「ついさっきは、二人を断わったくせに、ところが今、稼げる人間となると突然に場所を空けるんだ……」と。私と一緒に泊められる日本人の男は、黙って火鉢の側に座って、タバコを吹かしていた。最初は、ほんの少し無愛想なあまり歓迎されないお客と共に、同じ小さな蚊帳の中に寝なければならない羽目になったのを知って、私はまず気が滅入ってしまった。しかし、年いった女主人がなかなか夕飯を持ってこないし、ますます蚊が酷《ひど》く私に付きまとうので、勇気をふるってその蚊帳の中へ入り込んだ。

するとその人はさらに不機嫌になった。「あなたは用心深く、蚊帳を高く持ち上げ、ゆっくりと蚊帳の中に入ってくるんですね。それでは我々は今夜、また眠れないじゃないか」と。そして、彼は枕元にロウソクを引き寄せ、ライターを引っ張り出した。明かりを点け、蚊帳の隅々を照らした。そして何を見つけるでもなく、一人で密かに呟《つぶや》いていた。その男は再び落ち着いて横になった。そして、また団扇で前のように煽ぎ始めた。しかし、我々遅くやって来た闖入者《ちんにゅうしゃ》二人は、なお彼をむしゃくしゃさせたようだ。団扇で煽ぐのに疲れて休むたびに、何か小言を私たちに差し挟んだ。「本当に金のある奴は至る所で歓迎されるが、貧しくみすぼらしい人は追い返されてしまう。一体全体、五人がこの小さい蚊帳の中でどのように寝よというんだ。上に小部屋でもあるのか。女将《おかみ》がもうここには蚊帳はないというなら、他の客を泊まらせるべきじゃないんだ。どこを貸すというんだ。他に綺麗な宿屋があるだろうに。だから別な所に行ったらよさそうなものを。おまけにビールやサイダー、それに欲しいものなら何でも食べられる。云々」と。

食事はまだ来なかった。耳に入ってくることは気まずいことばかり。他の話題に持っていくために、彼はしばしば自分の経験について語っていたので、遍路を何度もしているのかと、尋ねてみた。彼が答えるには、もう既に二十二年も遍路をしているとのことであった。三十七歳で諸々の寺院を巡っていると自讃していた。——彼は独り身なのかどうか——そうではなく、妻と子供は宿の外に居るとのことであった（それでつい先ほど五人と言ったのはそのことであった）。——あなたの子供は何歳なのか――「ああ、やっと七歳だ。子供も家内も四国でできた」。この人が「遍路の規則」に厳密には従っていないことは、この最後の事実が十分物語っている。

彼は妻と子供について語っている間に、妻と子供に幾度も呼びかけていた。それで彼らは部屋に入ってくることになり、横になって寝たのである。さもないと、翌朝早く起きられないからである。夫の願いと要求を知っていた妻は、這うようにしてゆっくりと蚊帳の中に入ってきた。しかし、息子は爬虫類のように這いつくばって前に進むという、軽業師のようにはできなかった。彼の身体の一部が蚊帳に這入ろうとした時に、高く突き出して引っ掛かってしまったのである。父親は絶え間なく、「ほうてくれ、ほうてくれ。(8)お尻が高い。ほうてくれ。まだ高い」と言った。裸の父親は布団の上に座りながら、力いっぱい大きな団扇を隙間から入ってくる吸血動物〔蚊〕を遠ざけるために煽いでいた。そのうち息子は蚊帳を上げて、素早く蚊帳に入ってきた。その場面の可笑しさと男の団扇は私の周りの気まずい雰囲気を吹き飛ばしてくれた。そこで私は、この遍路の家族と共に宿泊しなければならないという気持ちに完全になったのである。しかし、助かった。新鮮な浴室から出てくると、年いった女将の人を生き返らせる声が聞こえた。私と一緒に来た客に、後で来た家畜商人とその他の客と共に、二階に行くように言うのだった。そこには、我々のために質素であるが食事の用意がしてあった。それに、別の蚊帳の中に私たちの寝床が準備してあった。

翌朝、目覚めると既に下の部屋から長い祈祷が、時折鐘の音で途切れながら聞こえてきた。洗面の施設は家の下を流れる小川にあった。私が洗面から上がって来た時、三人がもう急いで出かけるところであった。どの方へ、つまり十九番札所か、二十番札所に行くのかと、尋ねた。すると、「どちらでもない」との返事であった。

常習者が春の時期に他の遍路を世話するとなると、まるで水を得た魚のようになるのは当たり前のことなのである。「みんな共存共栄だ!」という信条を主張する無邪気なタイプの人だと分かると、彼はその初心者に「修行」〔乞食《こつじき》〕の方法を教える。つまり、見知らぬ人の門口に立つという、本来の物怖じを体験させ、かつ克服することを教える。あたかも良き羊飼いのように肥えた牧草地へと導くのである。そして、年老いた人たちは必ずしも布施をしてくれるとは限らないし、また若い既婚の婦人もまたそうではないということ、それに反して、十一、二歳の少女が最も慈善的で気前がよいということを教えてくれるのである。

接待を受ける際には、頭を下げること、また「忝《かたじけな》い」と言って、遍路に相応しく素直に従うことを教える。どの地方についても彼らはよく知っていて、その対応を弁《わきま》えている。例えば、真言と禅宗はどの地域が優勢であるか、またどこでいかほどのものをくれるか。一向宗（真宗）と法華宗は「駄目です」というようなこと。伊予の東部と讃岐では「修行」はあまりよくないが、しかし遍路はいつも必ず何かを得ている。それは、たいていは大麦である。(9) 阿波の第十一番札所からやっと良くなっていく。というのは、より多くの米があるからである。確かに土佐には米がある。そこでは、時には一年に二回米を作っているからである。特に高岡地方では決して遍路を失望させない。しかし、先にも見たように、この地方では早く起きることに価値がある。さもないと断わられる。このように、様々な知識を常習者は新参者《しんざんもの》に伝えるのである。

しかしさらに言えば、彼らは時には初心者の無知につけ込んで、被害を与えることもある。「遍路の規則」がそれに対して警告しているような詐欺が、遺憾ながら毎年多くの人を犠牲にしているように思える。まさに、一人一人の信心深さ故に簡単に騙《だま》されてしまうのである。タルチョフのような偽善者がいつの世にも、またあらゆる所にも居るものである。四国遍路もその例にもれないが、しかし毎年一万人という人びとが肉体的、精神的、また魂の大きな利益を得て遍路から帰ってくるということは、何ものにも代え難い。

同時に、「接待」と「修行」の慣習は、四国の慈悲深い人たちの人柄が広い範囲に及んでいたということ、また今もそうであるということを認めないわけにはいかないであろう。そして、人は心細い気持ちで歩いている時、道標や注意書に感謝をする。そのことを私は第二十番と第二十一番札所の間の阿波の那賀川にかかる舟の渡し場で知った。しかしまた、そこには次のようにも書かれていた。「喜捨、物乞い、寺院への寄付の申し込み等々をお断わり下されたく願います。道路工事のために住民の皆さんから十二万円調達しなければなりませんので」と。

## 第六節　徒歩巡拝と交通手段

遍路で十分な御利益《ごりやく》を得たいと願う人は、もちろん全行程を徒歩で行かなければならない。しかし川を徒歩で横切ることができない場所、例えば阿波の吉野川や那賀川のような所では、渡し舟が許され、同様に土佐の浦戸の入江、伊野尻の入口、また後には四万十《しまんと》川では舟を使うことが許されている。そのため、第三十六番と第三十七番札所の間の二、三里（八〜一二キロ）という道程は、昔から陸路では最も厄介で、危険と見なされていた。

しかし、歩くことの困難な人も足を引きずってでもできるだけ歩いて行く。それさえもできない人は、身体障害者用の車に乗せてもらい仲間の人に引っ張ってもらう。(10) ハンセン病の人を、私はほんの少し見かけたことがある。それは主に松山の石手寺と讃岐の若干有名な寺院であった。〈四国猿〉は次のように語っている。二十五年前に袋に一〇〇〇文のお金を入れて、出会ったハンセン病の人にその中から一文づつ与えたという。最後に一三四文のお金が手元に残っていたということであるから、結局彼は八六六人の患者に出会ったということになる。

全遍路の約七割が、規則通りに長い道程を徒歩で行っていることは、評価されてよい。元気に歩ける人びとは一二〇〇キロの長きに及ぶ道程を五週間で克服することができる。しかし、普通は四十日から六十日の覚悟が必要である。その間雨の日とか、「修行」で廻り道をしなければならないということになると、ことはそう容易ではない。特に、女性にとっては問題である。七十七歳になる老女で、しかも第三十六番と第三十七番札所との間の、大師が渡し舟を許された道程を徒歩で行くことにこだわっていたこの婦人は、何と一〇〇日を要したのであった。

旅の費用は、古くからまた現在においても一日、玄米一升（一・八リットル）で見積もられている。現在ではより多くの費用がかさむようになった。案内書によると、四国に到着後、一日一円として勘定しなければならないという。ヨーロッパの読者にはそのことは、低俗なことと映るかもしれない。しかし、彼らは二ヵ月の間、仕事を断念しなければならないし、それに三十円から六十円を工面しなければならないことは、大部分の普通の人びとにとっては何を意味するかを考慮すべきであろう。というのはたいていの場合、遍路は自身を乗り越えるために巡礼するのが常であるからである。

私は七度以上の遍路を示す赤い札を夏の時期に幾度か見かけたことがあった。しかし、幾度も遍路を重ねることに関する新しい統計を見つけることはできなかった。〈四国猿〉は一九〇〇年に出版された著作『四国霊場巡拝人番付』によって、次のように報告している。

| | |
|---|---|
| 七回以上十九回以下 | 四〇二人 |
| 二十回以上二十九回以下 | 七二人 |
| 三十回以上四十九回以下 | 四〇人 |
| 五十回以上九十九回以下 | 一六人 |
| 一〇〇回以上 | 一四人 |

その中には三つの最多の回数、一九九回、一七〇回、一六八回の遍路が含まれていた。けれど

も〈蟹蜘蛛〉は、ある道標を見たという。それは周防地方の大島地区にある椋野《むくの》村出身の中務《なかつかさ》茂《も》兵《へ》衛《え》が記念に建てた道標で、それは遍路を二五四回達成したというものであった。

一〇〇回以上の四国遍路をした人たちの名前を〈四国猿〉は挙げている。五十回以上の遍路を達成した者の中には二人の女性がいる。この統計はそんなに昔に遡っていないし、またそれ以来二十八年も過ぎているので、実際の数字はもっと多いことが容易に想像できる。例えば、新井という老女は既に五十五回の遍路を達成していた。私の耳に入ったもう一つの事例は、ある男性の場合で、彼は一九二三年の大震災の際に親族を亡くしてしまった。それ以来、彼らの霊を慰めるために絶え間なく八十八ヶ寺を訪れているという。ところで、こういう一連の遍路について彼らがどのように考えているのか、また彼らにとってこのことは単なる楽しみではないのか、という疑問については、新井婦人が富田氏にその印象を尋ねられた時、「ああ、四国も二、三度くらいで結構です。あまり廻り過ぎては……」と答えたことから分かるだろう。そして彼女は黙り込んだ。

私が持っている金色の遍路札は大阪の金持ちの商人のものであった。彼は、既述した東京の俳人〔伊東牛歩〕のように、毎年一度は遍路に行くのである。だから、遍路を繰り返す者全てが常習者になると受けとめるのは誤

晩年の中務茂兵衛義教（小松勝記氏提供）

りなのではないだろうか。

全行程を徒歩で乗り切ることを事情が許さない人には、現在では色々な交通手段があるのでそれを利用できる。伊予また讃岐では度々鉄道の利用が可能である。阿波では寺院が接近して並んでいるので、同時に二ヵ所へ鉄道を利用して登って行くことができる。他方、寺院が互いに遠く離れている土佐へは自動車で行くことができる。土佐は鉄道に関しては四県のうちで最も遅れているが、その代わりに最も整った自動車専用道路がある。また、それに応じて密な交通網が完備している。土佐の南部ではその他に、陸路の代わりに海路を選択することもできる。もちろん揺れる船では、しばしばパニックになることがある。しかし全体としては、道程の約三分の一は様々な乗り物を利用して行くことが可能である。

例えば、古いがたがたの馬車から洗練されたアメリカ製のビュイック車まである。あるいは古くさい川の渡し舟から、快適な広い沿岸を航行する汽船等を利用して行くこともできる。従って、上手に計画を立てる人は、交通の接続をうまく利用すれば、通常約三週間ほどで全ての寺院を訪ねることができるのである。私自身、松山の周辺にある八つの寺院を二日間で巡ってみようとしたことがある。そして実際にそうした旅をした。また、一九二七年の七月十二日から八月五日ま

大正 12 年の頃の 6 人乗りの乗用車（『海部郡町村自動車公営組合史』昭和 53 年より）

での時期を四国遍路にあてた。その際、私は一度四日間で松山に戻ってきたことがある。もしこの旅を一定の期間内で行うとすれば、二十三日か二十四日間で終えることができるのではないだろうか。

遍路を軽く考えるのが常だが、しかし交通手段を利用した場合でも、特に夏はとても骨の折れるものである。道中の厄介な場所は徒歩で行かなくてはならないからである。また、大阪や京都の大都市に住んでいるような人は、高野山あるいは比叡山のような山の上へと通じている立派な自動車専用道路を探そうとする。また同様に、いわゆる山岳寺院に住んでいる人のように、山の急斜面の後ろを廻って抜け出ることを知っている人を探そうとするものである。しかし、現在もなお山道のほとんどは、いかに荒涼として石だらけのものであるか、ということに思いを馳せれば、土地が開発されていなかった遠い昔の数百年間にあっては、遍路はいかなる苦労も引き受けなければならなかったということを想起させられるであろう。

## 第七節　木賃宿

ところで、人は毎晩良い宿泊所を見つけることができるのであれば、このような巡礼もある意味で容易に耐えることができるであろう。そこで、一日の疲れを回復することができるからである。しかし、個人の家、つまり「善根宿」の受け入れというのは、極めて稀で幸運な巡り合わせでしかない。また、寺院に宿泊するという機会が度々ある。八十八ヵ寺の約四分の一、もしくは精々三分の一が、遍路の宿泊のために整備されている。特に雲辺寺のような高い山の上にある幾つかの寺には、「通夜堂《つやどう》」と呼ばれる宿泊のための大広間がある。しかしそれでも、人びとが押し寄せる時期には、すぐに埋め尽くされてしまう。従って遍路は、宿泊所の良し悪しはともかく、たいてい毎晩いわば彼らの避難場所を探し求めなければならない。それ以外の残っているものと言えば、木賃宿しかないからである。

この「木賃宿」はかなりお粗末で、上品なユーモアのある学生用語で、半ば中国的、半ば西洋的なニュアンスをもった「Hotel Holzgeld（ホテル木賃）」と呼ばれるものである。そのような宿では、昔は客が米と大麦粉を自分で調達してきて、主人や女将に調理を任せていた。そして、消費された薪代《まきだい》として相応の金額を支払わなくてはならなかった。そういうところにこの名前は由来している。それに対して、お茶や少数の野菜は付け合わせでもらえた。

宿泊するだけなら無料であった。現在でも修行者は昼間、「接待」としてあるいは「修行」によって手に入れた米や大麦粉を主人に調理のために手渡すことがある。どれくらい調理にかかったのか、そのことについては、米一合（〇・一八リットル）に対して、ある料金が定められている。それは地方によって、また季節によって各々九銭半から十二銭半の間に定められている。そして、それに基づいて飲食代が決められる。残った飯は携帯食として食料籠に詰められる。

このような事情の下では、特に贅沢な宿泊について云々《うんぬん》することができないのは明白であろう。付け合わせは、たいてい薄い沢庵が二、三切れ、あるいは茄子《なす》、百合根《ゆりね》、そして梅干しである。酢漬けのラッキョウを添えた胡瓜《きゅうり》の薄切れはかなりの珍味である。そして中に二、三個の「麩《ふ》」、何かの球根と数個の豆が入った熱いお汁が出されることもある。(11) 蒲団《ふとん》は日本でいう「せんべい蒲団」で、それは何ヵ月にもわたってその上に色々な人が寝るので、固く薄くなってしまって、日本のワッフル菓子のようになってしまっている。そのうえ、たいていは一人の日本人でさえ、その上で十分身体を伸ばすことができないほど短い。寒い三月の夜などには、敷き蒲団も掛け蒲団も十分な寒さ対策になっていない。そんな時には、狭い部屋の中で人びとは互いに身を寄せ合って横になり、暖を補うのである。

多くの遍路は夕方遅くやっと到着する。夜が明けると薄明かりの中で早朝出発して行く人は別であるが、彼らはたいてい床の間の前で、鈴を鳴らし、念珠をすりあわせ、祈祷文を唱和し、彼らの信心を捧げる。夜の眠りは安らかというわけにはいかない。私の生徒が木賃宿での一夜について次のように書いてくれた。「何と、蚤《のみ》、虱《しらみ》、ダニがやって来て、喰いつく」と。まさしくその通りである。〈四国猿〉はそのことを、「木賃宿」の「接待」だと言っている。特に春の大混雑の時期には、あちこちで蚤、虱のような虫に取り付かれるのを避けることはできない。

綺麗好きを良しとする日本人には、そのことは身の侮辱と感じられるに違いない。しかし、それでも納得する。つまり、数週間にもわたってそのような不潔な宿で宿泊しなければならないことを、大師のために引き受ける恥辱と納得して受けとめるのである。「結局、誰も蚤で死んだ人はいないんだ」と、大阪からやって来た商人の遍路は、我々が木賃宿のこの困った状態に業を煮やしている時に、一言もらしたのである。実際、何ものにもこだわらない状況に応じた自然の生活と遍路の精神的態度は、遍路に予想されうる健康上の障害に対する免疫を与えている。それは世界大戦の際に、戦場の勇士たちが見せたような免疫なのである。

その日は大変暑く、とても骨の折れる日であった。私は夕刻になる前に金毘羅宮の旅館に立ち寄り、二、三の写真撮影をするために、もう一度善通寺へ行った。次いで路面電車で第七十六番札所・金倉寺《こんぞうじ》に行った。その寺院は乃木大将が丸亀の連隊長であった時、宿舎を提供した所である。そこには現在、「乃木大将の妻返し松」のエピソードが残っている。つまり、都で夫を待っていた高官の妻がこの寺院にやって来たのであるが、しかし夕刻になった時、「もう遅い、君は今すぐに帰ったほうがよい」と言われ、返されたのである。

乃木将軍の妻返し松（第76番・金倉寺）

多度津の次の寺院で、上海から来た弁護士の妻が私に話しかけてきた。彼女は三年間イギリスで生活し、一年前に四国遍路をして、今夏再びここへやって来たと言うのである。少し鉄道に乗った後、徒歩で真昼の暑さの中、第七十八番札所から坂出の塩田を通って、さらに長い街を通り抜けて第七十九番札所に到達した。そこには澄んだ泉があり、昔、崇徳院《すとくいん》の棺が、都から埋葬するようにとの指示があるまで数ヵ月にわたって安置されていたという涼しい所である。現在では小さなテントの売店を開いていた愛想のよい女性が、ラムネとトコロテンをその泉で冷やしていた。

そこから私は大方の遍路と同様に、第八十一番札所へと向かった。その寺院は崇徳院の墓所として大変よく保存されていた。広い道は急斜面をうまく乗り越えるために、五〇メートルから一〇〇メートルごとに美しい花崗岩の石畳で区切られて、徐々に山の上へと通じていた。そこは素晴らしい隠花植物や他の古い木々の間に、寺院の建物が分散して配置されていた。鐘楼で古い鐘を撞《つ》いた時には、正午をもうかなり過ぎていた。鐘楼の屋根の上には桐の木が茂っていた。山の尾根に沿って第八十二番札所・根香寺《ねごろじ》へと向かって歩き始めた。途中、私は森の中にある、春の頃には遍路たちに宿を提供していた一軒の山小屋の側を通りかかった。しかし、今は閉っていた。でも空いているベランダの所で、二人の遍路が休息のために横になっていた。

ようやく根香寺に到着した頃には、早くも暮れかけていた。門の前、山の絶壁の左側に重苦しい一軒の木賃宿が建っていた。そのベランダに履き物を脱いで遍路が二人座っていた。宿屋の前には狭い空き地があった。その垂直に降下している絶壁の縁《ふち》の所に、低いベンチが一つ置いてあった。その前の木々は伐採されていたので、足下に高松の内海が広がり、日本の平屋に似たシルエットをもつ簡素な屋島半島が背景に眺められた。その寺院に泊まることができるのかどうか、私は尋ねた。できない、ということである。そこにはそんな設備はなかったのである。また、一番近い旅館でも少なくとも一時間の道程を要するとのことであった。さらに、暗闇では見つけにくいということであった。そこで、ここで宿泊するのが一番よいのではなかろうかと思った。今まで私は寺院で二度、旅館で二度、そして私の教え子の家で一度宿泊できたことは幸運なことであった。私は今回初めて、木賃宿を知ることになったのである。

居合わせた遍路の中で、大変細面で金縁の眼鏡をかけた、言葉使いや立ち振る舞いが上品な印象を受けた人が、台所で忙しく働いている女将に、宿泊できるかどうかを尋ねた。彼女はできる、と答えた。そして若い娘を呼んだ。その娘は私から杖を取り上げて、その先端を洗ってくれた。そして他の人のために、その杖を壁のくぼみ〔床の間〕に立て掛けた。その壁には仏画が掛けられていた。

風呂の仕度ができていると聞いた時、最初の困惑が起こった。これまで私は至る所で、浴衣《ゆかた》を貰っていた。しかし、ここでは遍路は手荷物として自分の浴衣を持っていなければならないのだ、ということに気が付いた。だから私は服を部屋に残して、裸で暗い台所を通って風呂場に入った。しかし、こんなことはそんなに良くない旅館では、日本ではごく当たり前のことであった。そこには岩の中に鉄製のボイラーのようなものがあった。控えの間で、私はマッチ箱とロウソクの小さな燃えさしを手探りで探した。それは石の上にへばり付いていた。明かりが点いた時、天井と壁はロウソクの煤《すす》で黒く汚れているのが目に入った。風呂の湯は私にはあまりきれいとは思われなかった。しかし、暑い日の汗と埃《ほこり》を洗い落とすことができて快適であった。しばらくして、娘が新鮮な湯を風呂に注ぐためにやって来た。

私が部屋に戻ってきた時、既に女将がそこに居て、どれぐらい飯を炊けばよいかを尋ねた。二つ目の当惑は、金縁の眼鏡を掛けた男性が、即座に五合を私に注文するように進言したことである。一体私は何合の飯を食べることができるのかを、どこかで聞くべきだったのだろうか。従来、私はヨーロッパ人にとっては、朝のご飯としては、二、三合で十分であると思っていた。一方、私は土佐では一升（一・八リットル）まで炊かさせた遍路と出会ったことがある。それは、もちろん一日の携帯食糧も一緒に計算に入れてのことであるが。

そうこうしているうちに、若く元気な顔立ちの生々とした男性の遍路がやって来た。そして私は、以前にはほとんど見過ごしてしまっていたあることに気が付いた。彼は丁寧に女将に宿泊を頼んだ後、杖を洗った。それから、杖を別の所に置いて部屋に入って行った。その際、私の記憶に間違いがなければ、彼は大師の宝号を何度か唱えていたのである。そして、彼は笈《おい》から小さな仏像を取り出した(12)。それから約十分間、その前で読経をした。その読経は時々鈴の音で途切れた。それを終えてから初めて、我々が座っている方へやって来て、非常に丁寧に我々に挨拶をした。ほぼ次のようなことを言ったのである。「ようお参りで御座います(13)。お邪魔になりませぬように致しますので、失礼をします。どうぞ、今夜はご一緒にお願い申します」と。新参者は飯はいらないと説明したので、しばらくして我々のお膳が出てきた。

客は各々飯の入ったお椀と簡素な赤いお盆をもらう。その盆の上には「麩」の入った熱い汁椀と、胡瓜が三切れほどのった皿があった。最後にやって来たその若者は、彼の要望によってお盆と予め注文した熱い湯だけをもらった。彼はご飯の椀はどこにあるのか、と私に尋ねた。手荷物を慌ただしく探していた他の人たちはそれを聞いて驚いた顔をした。それは本来各自が携えていなければならないものであった。そこで、金縁眼鏡の男性がすぐに女将を呼び、私にご飯の椀を貸すように頼んでくれた。私は飯をぎゅうぎゅうに詰めて、箸を探した。すると、皆は再び驚いた。それから遍路を何番目の寺から始めたのか、と私は尋ねられた。私が女将に頼み込む前に、再び私のその助言者が仲介の労をとってくれた。そうこうするうちに、他の人たちは食器を取り出した。そして黙って、無駄口をきかず、食事の時間が進んでいった。

先述した若い男性は、飯を取らないで、袋の中からスプーン三杯の黄色い粉を取り出した。そして、熱いお湯で溶き始めた。他の人たちは好奇心を抑えることができずに、「何を食べているのか」と彼に尋ねた。「麦の粉(14)」と答えた。——それは彼の「心願」(自身の心からの誓い——ここではその願いを実現させるためになされた誓い)である。彼は前年に重い胃腸病に罹っていた。しかし、遍路の途中でそれが治癒したのであった。それで再び四国に、感謝の遍路(お礼参り)のためにやって来たのである。誰もがこの快活な若い男性を誉め讃えた。私は翌朝分かったのだが、彼は機敏でイタチのように山を駆けていた。

食事が終わると、お盆類は片付けられた。しかし、お椀は各人がそれぞれ自分の手元に引き取り、それを袋の中に納めた。それから宿帳が順に回された。他の人たちがそこに書き入れている間に、例の若い男性は自分の札挟みから、おそらく次の日に必要な枚数よりも多くの札を取り出していた。遍路の一人は案内書を勉強していた。私は、親しく面倒をみてくれた男性と雑談をした。何が彼を四国遍路へと導いたのかを、初対面の夕刻にはまだ尋ねる勇気はなかった。私の知る限りでは、彼は東京の出身で、色々な商売の都合上、この春に予定していた遍路をすることができなかったということであった。

　そうこうしているうちに、石油ランプが部屋の真ん中から他の所へと移された。そして我々の部屋と台所に通じている小さな空き部屋との間の梁《はり》に吊された。薄くて短い蒲団とイグサで編まれた枕が運んでこられ、並べられた。奇妙なのは、敷き蒲団の上にさらにイグサの敷物が敷かれていることであった。私が推測するに、より涼しく横になるためであろう[15]。我々の部屋の後ろには、もう一つの部屋があり、そこにはもう既に三人が引き籠もっていた。寝床が敷かれている間に、最後にやって来た若い男性と東京から来た男性と私が後に残された。三人のために最後の大きな網（蚊帳）が張られた。その際、我々客が女将を手伝った。

　寝る前に、勘定を済ました。――一合の米は九銭半の値段であった。従って、今夜の私の飲食代は四十七銭半の額になった。お茶代あるいは飲物代は、東京から来た男性が不必要だと教えてくれた。小麦粉の食事療法をやっていた若者は、約二十銭支払った。蚤、虱のような害虫は、その夜はほんの少ししか気にならなかった。私を悩ませた蟻は、幸いにも私たち自身よりも食べ物により多くの関心をもったようであった。その代わりに、蚊が二、三匹蚊帳の中に入ってきた。蚊帳に穴が開いていたか、そのどこかが持ち上げられて隙間があったのだろう。

なお、私はその後、数回木賃宿に泊まることになった。それは夏であった。それ故に客が少なかったので、蚤、虱という害虫に関しては、それほど気にならなかった。それにもかかわらず、数時間後に旅を続けていく気力を失ってしまったことがある。というのは、朝その宿を出た後に、小さな日本手拭《てぬぐ》いにまるまると太った着物蚤を見つけたからである。なぜ杖を持っている者は誰もが旅館やホテルに泊まれないかというその理由は、害虫の恐れがあるからである、と土佐で教えられた。つまり、他の旅行者は遍路が泊まった宿屋には泊まりたくない、と言い張るのである。それ故他の三県においても、旅館が遍路を断わるということが起こるのであろう。

従って、木賃宿に泊まるほどの勇気をもっていない者は、まずこのような手荷物や杖を片付けて着替え、それからできれば人力車に乗って宿を探すとよい。そうすれば、土佐以外ではあらゆる所に、やや大きめの旅館や宿屋が見つけられるであろう。それは同じ建物かあるいは二つが併存しているもので、宿屋と旅館の両方を営業し管理維持している。そこでは全く遍路の雰囲気を露見することなく、より良い宿泊を満喫することができる。

## 第八節　精進

食堂を兼ねた旅館に立ち寄ると、部屋に通された後、まずこう尋ねられる。「旦那さんは精進ですか、どうですか」。つまり、肉食を断わることが本当の遍路の旅に含まれているのである。周知のように、仏教における精進の概念は、キリスト教・カトリックのそれよりもかなり厳しいものである。禁欲は全ての動物的な食べ物に関わっている。つまり肉・魚や卵などである。それに、遍路は酔いしれるような飲み物を控えるべきであることは自明である。

真の四国遍路と並んで、他の多くの遍路客を招き入れる地方では、好きな「酒」を断わる必要がないことについて、〈四国猿〉が金毘羅で宿屋の女中との次のようなやりとりを書いている。「旦那、ごまずは、いかがですか?」「ごまずとは何ですか?」「おや、旦那おへんどは初めてだと見える」「知れたことよ。おへんどばかり商売にしておって、たまるか?」「じゃて、あなた、ごまずをしらいであまりです。お酒ですよ」と。

それどころか、富田氏はある寺院で、大師の最後の訓戒を盾に酒を強要されたという。それは「御酒一杯、これ許す」。大師に差し出された「一杯」は、もちろん茶碗一杯の量であった。ドイツ人である私には、宿泊した寺院で朝食にさえも再三ビールが出された。この飲み物は教科書にも載せられてあるように、お茶の代わりをしているのだというのであった。それとは逆に、木賃宿では私は決して酒を見なかったし、あるいは遍路が飲んでいるのを見たことはなかった。たとえ遍路はそこかしこで一口の酒を勧められたとしても、それが無くても十分なもてなしであるとして、それを断わっていかなければならない。それに、ただでさえ土佐湾の至る所に乾燥のために吊され、あるいは乾燥用の網の上で日に当てられ、また伊予では至る所で販売のために陳列されている、国内でよく知られている内陸の新鮮な魚、そのような干物、鰹、鶏肉に誘惑の視線が向くからである。

辺鄙な田舎から四国へやって来た人びとにとって、それはどういう誘惑を意味しているのだろうか。――おそらく彼らにとってはそのようなことは人生においてたった一回であろう。――そして今、何週間にもわたって四国中を移動し、彼らが聞いていた美味しいもの[16]が、絶えず目の前にある。しかし、それを決して口にしてはいけないのである。しかるに、そこかしこで誘惑に負けるのであれば、それもそれとして納得できるというものであろうかと、しぶしぶ認めざるを得ないでもあろう。また、光があれば、当然影もあるのだから、規則としてそれを守ることを誤魔化したとも思わないであろう。「納経所」でも諸々の交通手段を利用するのを認めつつ、現在もなお十人のうち七人の遍路が全行程を徒歩で乗り切っているのである。また、大多数の人たちは規則を厳しく守っており、破りそうなことはいち早く気をつけるように前もって自らに課しているのである。

杖を持ち装束を身につけた者は、仏教の教えを遵守しなければならない。特定の寺院は「遍路の関所」とされている。そこでは、改悛《かいしゅん》の情なき者に対して、天からの罰の証しとして不幸が降りかかるのである。不貞をはたらいた婦人は、自分の髪を寺院の小さな鐘の縄に引っ掛けてしまった。あるいは悪行の男性は転げ落ちる鐘に打ち殺された、ということである。力と富もまた有効ではない。それは聖書の中で金持ちの若者について言われているように、そうしたものはまた裕福な四国遍路にも障害となる。そのことは遍路について述べられた、次のような物語からも知ることができる。

「富豪の住友吉左衛門、彼は現在世界的に有名な銀行の創業者であり、四国の別子銅山の所有者でもあるが、その彼がある日、八十八ヵ寺の遍路を思い立ってやってみようと決心した。金持ちに相応しいように、大きな旅行団を作った。沢山の使用人、その他多くの随行員を従えて輿《こし》に乗って各地を遍路した。そして、一番上等な旅館やホテルにのみ立ち寄った。そこで恭しく迎えられ、派手に接待された。寺院にやって来ても、ほとんど輿から足を土につけなかった。一方では、随行員が経文の奉納のために奔走した。他の所に札を差し出したり、祈祷するのに走り廻った。このようにして遍路は快調な経過を辿った。

ところが、大阪に戻ってきて、友人たちが旅行中のことを聞くために彼の所へやって来た時、納経所で貰った記帳と印章のある納経帳を持ち出した。そこで、吉左右衛門が最初の頁を開くと、そこは空白であった。さらにパラパラと開いて行ったが、どんなに探しても全ての頁は白紙であった。来客たちは驚き、また彼自身ばつの悪い屈辱を味わった。しかし、その教えには効き目があったのである。誰にも話さずにもう一度、旅立ちの仕度をした。そして今度は質素な遍路として、人に知られないように第二回目の遍路を行った。あらゆる苦労や不自由さを甘んじて自分に引き受けた。帰郷して納経帳を開いた時、今度は全ての文字の筆跡は明快で、新鮮であった。印章は彼自身が戴いたものだから輝いていた」と。

## 第九節　女人遍路

以前、ヨーロッパでは女性の教会における地位は低かった（婦人は会堂にて黙すべし！）。しかし、現在では教会の生活の中でちゃんと受け止められているというのが普通になっている。とりわけ巡礼に関しては、例えばルルドへの巡礼のように、通常は男性よりも女性の方が多く見られるであろう。日本の仏教では、女性は古くから男性よりも低い地位にあった。だから、たとえ女性が仏陀の智慧に達し得たとしても、やはり男性よりも過酷な状況に置かれたようである。現在、四国遍路では男女の割合がだいたい半分ずつである。昔はその比率がどれくらいであったかは、古い著作物には何も載せられていない。それに対して、ほとんどの図版には女性の姿が見られる。一方、一人の男と一人の女が単独で海を渡ることはできないと、『四国徧礼道指南増補大成』には出ている。従って、いずれにしても昔、既に女性の遍路がいたということであろう。

現在では、一人で遍路する娘でさえももはや異常なことではなくなっている。〈四国猿〉によると、阿波の女性が最も数が多いということである。というのは、その地方の大名である蜂須賀小六は大変信心深い仏教徒であったが、彼が住民の模範となって人びとに影響を与えたからである。その後、阿波の住民は信心深くあるべきだと努めた。それで両親たちは娘が結婚適齢期になると、遍路に行かせたのであった。大師は、そこで一般に縁組みの助力者「縁結びの神」と見なされている。他方、土佐では大師はそんなに評価されていない。もしそこで娘が八十八ヶ寺の遍路に行こうとするならば、即座に隣近所の人たちが噂をするだろう。「あの娘は、悪い病気にでもなったのだろうか」と。そして、偏見が村中に広がるのである。(17)

遍路が多い宿屋で言われる「畳の縁《へり》が国境《くにざかい》」という諺は、もはや当てはまらないほど混雑し、混み合ってお互いに並んで横にならなくてはならないような場合、規則違反や規則の乱用が多々起きるのであろう。ドイツにおける巡礼の歴史と事情に詳しい人は、そのようなことは全く非難されるべきことではないことを知っているだろう。ここでもそれが本当だとしても、そのことをあまり悲観的に考えるには及ばない。

昭和 12 年の女人遍路
（『同行新聞』昭和 61 年 8 月 21 日付け）

戦前に著されたドイツの地理の書物には、女性の富士登山は禁止されている、と載せられていた。しかし、この禁止は十年ほど前に既に廃止されている。ちょうど、弘法大師によって創設された高野山や他の山も似通ったような事情である。その女人禁制は例えば、高野山で行われていたタントラの儀式に起源があって、その規則の悪用と乱用に関係がある。(18)現在このような禁制は、ごく僅かの例外を除いて廃止されている。女人禁制の例としては、日光の男体山は現在もなお一定の規則があり、女性には夏の数週間が開かれているだけである。女人禁制の残滓は、四国遍路の二ヶ所にも残されている。それは、人も知るように保守的な土佐と、役小角、修験道とに関連する伊予の前神寺《まえがみじ》に見られる。それは遍路の歌に次のようにある。

四国巡って　ゆかれぬ寺は　土佐で西寺　東寺

高野山が既に女性に解放された二十六年も前に、〈四国猿〉は東寺（第二十四番・最御崎寺《ほつみさきじ》）への途上で、半ば高い所に立て札を見つけた。「この所　女人禁制につき　女人は右に行くべし」。同じような立て札が第二十六番札所・西寺（金剛頂寺《こんごうちょうじ》）でも見られた。現在では両寺院への立ち入りは女性にも許されているが、依然として西寺の境内の入口には、案内書に載せられているように男性は右、女性は左へ行くべし、というような場所がある。それに対して、伊予の前神寺には既に言及したように男性のための大広間があり、女性には別の部屋がある。

土佐や伊予で女人禁制の名残を温存している一方で、伊予の第六十五番札所・三角寺の奥の院に当たる壮麗な金光山・仙龍寺は高野山の模造である。その縁起によると、弘法大師によって婦人たちに禁止されていた高野山の代わりとして、指定されたということである。従って、最初から女性の立ち入りを承認していたのである。そのためにこの寺院は現在、女人高野と呼ばれている。(19)

## 第十節　御詠歌《ごえいか》

遍路が各々の寺院で行う祈祷には、「御詠歌」と呼ばれる宗教的な短い讃歌を歌うことが含まれている。それは手引き書に載せられた、ある旋律をもった各々の霊場に由来する讃歌である。それは例外なく、かなり古いものである。その寺院の名前が石手寺のように後になって変更されたり、その意味を失っても本来の名前が、そこに仄《ほの》かに含まれて歌の中に生き続けている、というようなことからそれを窺《うかが》い知ることができる。

しかし、西国三十三観音霊場の御詠歌が、四国八十八ヶ寺のそれに手本を与えたことは疑いがない。西国の御詠歌は高いレベルの詩的価値に到達しているのみならず、その旋律は四国においては「音頭取り」の役割を演じているのである。両者の詩的内容の相違を知るためには、播磨の書写山〔円教寺の御詠歌〕と、伊予の護国寺や太山寺の詩句を少し比較すべきだろう。後者伊予のものも格別悪いというものではなく、むしろ全体としては独特の味わいをもっている。しかし、その中には言葉の遊びが含まれていて、たいていのものは〔ドイツ語に〕翻訳しても意味が通じず、適当ではない。

〔西国霊場第二十七番・書写山円教寺の御詠歌〕

はるばると登れば書写の山おろし　松のひびきも御法《みのり》なるらん

〔四国霊場第五十二番・滝雲山太山寺の御詠歌〕

太山へ登れば汗の出でけれど　後の世思えば何の苦もなし

歌の調べは非常に長く引き延ばされ、三十一音節が正確に決められたアクセントをもって配分されている。各々の詩行は一息を入れて、二つのフレーズに分けられる。メロディーは長調で一人の上手な歌い手によって朗詠されて進行していき、大変心地よいものである。

「御詠歌」を趣味とする観音講と呼ばれる組織がある。四国では伊予の松山地方で特に盛んである。松山だけで約二十のそのような組織がある。その人たちは月に一度、たいていは一つの寺院に集まり、そして信心深く仏壇の前に座って西国三十三観音霊場の御詠歌を一度通唱する。四国遍路の地でこれらの御詠歌が歌われるということは、西国三十三観音の御詠歌が他の全ての歌の模範になっているということの、さらなる証しなのである。

時々、御詠歌の大きな競技会が行われる。昨年、私は松山の郊外にある立花の寺院でそのような会を訪ねた。僧侶の男が私を誘ってくれたので、午後から始まる最初の時刻に到着した。寺院に近づいた時、奇妙な鉦《かね》の音と歌声が私に迫ってきた。その鉦の音や歌声は私にはこれまで聞いたこともない不思議なものであった。宿坊では大きな二つの広間にある仕切り戸が取り払われて、一つの大きな広間になっていた。夏の暑さのため、全ての障子も取り払われていた。それで遮《さえぎ》るものがないので、美しく作られた庭園を十分に眺めることができた。人びとでびっしりと埋め尽くされた大広間の奥には、机が一列に並べられている。ほぼ十二人の男性たちに混じって二人の僧侶が座っている。その中の五人は審判をする人で、既に早朝から絶え間なく彼らの任務を行っていた。さらに少し前の右側には二、三の机が置いてある。その後ろに歌い手たちが席を占めることになるのであろう。立って、あるいは座って歌うことができる。

次いで、型通りに導入部が朗詠された。「納め奉る　西国三十三ヵ所　第…番…の国…山（…寺）」。それと引き換えに、調子を変えた声域で本来の御詠歌を歌い始めた。歌い手は自分の好きな歌を選ぶのではなく、順序に従い常用の文句に倣って歌わなければならない。審判をする人は、ドイツの職匠歌人（Meistersinger）の採点者に似た役割を演じる。歌い手が各々の音節に十分な数のアクセントを与えているかどうか、鉦を正確に打っているかどうか、また息切れしていないかどうか、それに声やメロディーの中に不純なものを持ち込む過ちを犯してはいないかどうか、等々を彼らは留意しなければならない。どの審判者も最高の点数、我々の場合だと八十点を与えることができる。歌い手が歌い終えるたびに審判員が点数を付け、即座に総計が墨で大きな半紙に記される。それは全員の目の前で、台の上に掛けられる。一つの音節を誤って詠むような人、また一つの言葉、例えば近江、これは仮名で「ア・ウ・ミ」と書かれるが、それを〔「オ」と発するのを〕間違って「ア」から始めるような場合、その人は息切れをしたり、あるいは鉦を打ち損なったり、また誤って歌ったり、完全に歌うことができずに、人びとの爆笑を誘ったりの種々の不具合を生じるものである。

そのように、次々と二百から三百の参加者が御詠歌を歌う。そして、一番良い者が選ばれ、最終的に受賞者が確定するまで、初めから順に歌っていく。人びとはやって来ては去って行く。審判員の疲れを癒すために、飲み物が差し出される。しかし、絶えることなく競技会は進行していく。台所の隣の部屋では二人が練習をし、他の人は本堂において、観音像の前で練習している。境内ではうどん屋が小さな屋台を開いていた。そこからも「納め奉る」が聞こえてくる。どの部屋からも、特に反響する風呂場からも例外ではなく、その歌の練習をする声が聞こえる。

私は夕方遅くに橋の上に来た時、またそこから戻って来た時も、寺院から数百メートルも離れているのに、すっかり聞きなれた響きが耳に入ってきたものである。というのは、競技会は夜中になってもまだ終わらなかった。それだけでなく、次の朝の八時まで続いたのであった。その時になってやっと最後の勝負が決着した。その時までは、審査員もまた我慢しなければならなかった。同じメロディー、同じような文句をおそらく五百回以上は甘受しなければならなかっただろう。(20) 大会に参加する者の中には女性もおり、その中の二、三人は私が居合わせた時に歌って良い成績をあげた。遍路の案内書には「御詠歌」を指示してあるが、私が遍路中に歌っているのを聞くのは珍しかった。しかし、このことは季節によって違うということではないだろうか。

## 第十一節　奉納絵馬、祝福、薬、厄除け

松山の石手寺に行くと、天井の付いたかなり長い回廊が道路から境内にまで続いている。一方の端には古い松の大木があり、他方には美しい二階建ての門がある。この回廊の天井と柱には、無数の様々な形や絵柄の豪華な奉納絵が掛かっている。そこには藁で編まれたものさえもあ

る。そのような絵はその絵の中に書かれているように、たいていは祈祷、祈願成就の御礼に奉納されたもので、八十八ヵ寺の各々に見られるものである。またそれは四国に限られたものではない。そして、たいていは大師堂に掲げられている。

個々の寺院には独特のものがある。幾つかのものには布で縫った長い巻物がついている。それは女性たちによって奉納されたものである。第七十五番札所、さらに第四十三番札所で私は白い布地でできた女性の胸部の模造品を見たことがある。それは板の上に美しく被せられており、そこには文字が書かれていた。それは容易に想像できるように、若い母親が子供に母乳を与えることができたことを感謝する気持ちから奉納されたものであった。また、船乗りが多く訪れる第三十六番札所は、その本尊が「波切不動」であり、そこはよく知られているように船の海難除けの寺となっている。その像は、大型のスプーンのような柄の長い剣を持っている。

四国遍路・観音巡礼を満願した記念額（第51番・石手寺）

他の寺院には沢山の写真が貼り付けられていた。その中には、アメリカやハワイに移民した人たちから寄贈されたものが沢山ある。また病気が治癒した人たちから、不必要になったが未だ液の残った薬瓶が奉納されているのをしばしば目にしたことがある。また、足が治癒した人が納めた松葉杖や身体障害者用の

車が掛かっているのが見られた。私は第四十四番札所で新しい時代の印として、ヨーロッパの医療で使われているギブスベッドを発見した。第八十六番札所の玄関ホールは文字通り松葉杖だらけであった。さらには、多くの人たちの札挟みが残されていた。

ある寺院（第三十四番）ではガラスケースに入った非常に大きな真新しいマリア像を見た。これは仏教の寛容さを表す特徴かとも思われる。もちろん、僧侶はその像が誰を表しているかは十分知っている。そこの国民学校の教師が基金を出したということである。それは美しく、良い像であった。一体、マリア像はどのように受け止められているのだろうか。無頓着さからそのように寛大である、というのではない。というのは、そのことは讃岐地方の第七十一番札所・弥谷寺に掛かっている奉納絵を見れば分かることである。

また別の寺では、最初はそれまでに沢山見てきたような薬瓶だろうと思って見たものがある。ところが、その瓶は少し大きく、よく見ると中に何かが入っているように思えた。そこで、案内の僧侶に尋ねたところ、それはこの寺院で誓いを立てた男性の小指であるというのである。彼はその願いが成就するや、自分の小指を切断し、寺院に納めたというのであった。そのようなやり方で神仏に頼るというのは、いささか迷信でもあろう。しかし、そのことから、いかにこれらの人たちは信心深いかということが看て取れる。(21)

入口の門にある二体の仁王尊に奉納された数多くの草鞋《わらじ》については既に言及した。多くの遍路が遍路に出かけるに当たって、脚にけがをしないように、また足が弱らないように草鞋を奉納するのである。遍路の途中に困難に出会った人もまた、そのような草鞋を一足奉納する。普通は入口の門の所に二つ設置されている。草鞋がそこに奉納されているということは、おそらく二という数字に関係するのであろう。大きさはたいてい普通のものである。しかし、二倍の大きさ、あるいはそれを超えるようなものも至る所で見られる。第七十一番札所・弥谷寺、第八十七番札所・長尾寺のような若干の寺院で、私は一メートル半の長さの、またそれに相応しい幅のある草鞋を見たことがある。病人を治すという赤く塗られた賓頭盧《びんずる》の像はどこの寺院にも存在しなかった。

私がかつて他のどこでも出会わなかった日本独自なものに、南伊予の仏木寺《ぶつもくじ》にある小さなお堂がある。それは牛王堂と呼ばれており、約一メートルの高さの四本の杭の上に建てられていた（補足の写真参照）。ちょうど、神社のようなものである。それには両開きの扉が付いている。中には、私の記憶が正しければ、大小二つの牛の像が納められていた。さらに、奉納された櫃《ひつ》、大きな綱（おそらく曳き綱なのであろう）、ロウソクを立てる小さな燭台、その他に小さな儀式用の道具がある。両開きになっている扉の上の梁には、遍路の沢山の札、並びに無数の草鞋が掛かっていた。しかしこれらの草鞋は、遍路のためのものではなく、牛の四肢に履かす儀式用のものである。

当寺院が創建された謂《い》われは、縁起によるとこうである。弘法大師が巡錫《じゅんしゃく》の途中、山を経てこの地に着かれた時、一人の老人に出会った。その老人は牛を曳いており、長い巡錫の旅で疲れていたその僧侶を次の場所まで少しの間、牛の背に乗せてやった。すると突然、楠木の所で光っているものを見つけた。その僧、弘法大師がそれに近づいて見ると、それは中国より帰朝の折に投げた宝珠《ほうしゅ》であった。(22) 大師はこの楠木から大日如来の像を彫って、眉間《みけん》にその宝珠を埋め込んだという。それ以来、牛あるいは馬の守護を願って、また仏の慈悲を願って多くの人たちがこの寺院にやって来るようになった。この寺院には今からほぼ七百年をも遡る文書がある。また牛の守護力に対する信仰も古い時代まで遡ることができるということは、次のようなことからも見て取れる。つまり、この寺の木の杖には魔除けの力がある、という元禄時代からの信仰である。そしてそこには、「牛王仏木寺法名」という文字が書かれてある。

全ての寺院がそのような古い伝統を自慢できる訳ではない。土佐では二つの隣接する霊場、第三十五番と第三十六番札所で二種類の病除けの流儀を見た。その類似性が私の注意を引いた。しかし、どこか疑わしさがあった。そこで、ある僧侶にその慣習は長く受け継がれているのかどうかを尋ねた。すると、古くからあるという返事であった。ところが、古くから受け継がれているということについての、何の文書も手元になかった。寺院の当事者は、その文書が宝永期(一七〇四―一七一二)に発生した大津波によって押し流されてしまった、というのである。公表されている行事の一つは、宗教的な催しというよりは、はるかに商売っ気のあるものであった。次のような文面の赤みがかった札が付近の村に配布されていた。

これより全ては良くなる!
陰暦の七月七日の早朝、どんな病も除かれる!

七夕の日、あらゆる病を祈祷する！
希望者は各自茄子《なす》を持参するように！
集会　高岡清龍寺
これより全ては良くなる！

さらに、その上に横書きで次のように書き込んであった。「このお祓《はら》い祈祷は七夕の日にのみ行われる」と。私自身はその催し物を見ていないが、想像できる。その定められた日に多くの人たちが、茄子を持ってその寺院に参拝する。そこで正式の法衣に身を包んだ僧侶が手伝いの僧を伴って、あらゆる病に対するお祓いの祈祷文を読み上げる。終わりに、呪文を唱えて茄子の中に悪霊を封じ込める。その日に、十分な奉納金の雨が降ったことは今さら言うまでもない。第三十六番札所では、その催しを第一の戌《いぬ》の日、ないしは第二の戌の日に行っていた。しかし、そこでは茄子ではなく、胡瓜《きゅうり》にお祓いをしていた。

周知のように、真宗を除くあらゆる宗派が護符を売っている。従って、八十八ヶ寺の全てでその護符をもらうことができる。特に美しいのは、四国の最も高い山の権化である石鎚権現《いしづちごんげん》のそれである〔補足の図版参照〕。そこに描かれているのは一人の老人で、一方の手には巻物を、他方には輪の付いた杖を持っており、肩には鳥の羽、履き物は足駄《あしだ》（高い下駄）を履いている。彼は岩の玉座に座っており、その岩の上の方は二羽の鷹の頭になっている。一方、彼の足元には斧、油瓶、卍の飾りの付いた荷物を背負った半裸のコートボルト（小人の妖精）がしゃがんでいる。こうした護符は、遍路によって親族や隣人への旅の土産として好んで買われる。そして、多くの家の戸口にそれが貼ってある。

私が遍路した時は、ちょうど夏の蚕《かいこ》の時期に当たっていたので、阿波と土佐の多くの寺院で次の掲示を見た。

「蚕のお守りあります」

病に対する他の加護には「法名襦袢《ほうみょうじゅばん》」と「腹巻きの御守り」がある。前者は土佐の東寺で売られており、白い布地で一重の下着である。それには二、三の印章が押されている。それに対して、腹巻きは私が見た限りでは、白い地味なもので何も印はなかった。安産に対する御守りは色々な寺院で受け取ることができる。しかし、この地方では、子安大師《こやすだいし》と呼ばれる第六十一番札所・香園寺《こうおんじ》がいわば独占している。

この寺院は住職の精力的な努力によって、短期間に隆盛を極めるほどになった。それは秘法の加持《かじ》で病を癒したことに由来する典型的な話である。およそ十五年ほど前までは、遍路のこの霊場はおそらく八十八ヶ所の中でも最も貧しいものであった。しかし現在では、富と繁栄において他の寺院の中で香園寺に肩を並べるものはない。

この地方の伝説によると、大師がこの地で難産で苦しむ女性を救い、そしてこの寺院で特別に秘法の加持を女性に授けられた。そのことに基づいて、現在の住職、山岡瑞園師は大師に倣《なら》って、あらゆる子供たちを苦難から救うことに力点を置いたある組織性をもった宗教集団を案出した。つまり、山岡師は子安講を設立したのである。それは、子供に優しい大師の組織である。それに従って、巡回師の指揮の下に現在では八十の数に上る組織が、各々三名ずつのグループに分かれて各地を余すところなく旅して廻っている。朝鮮半島から満州を巡回して、講中の精神的な結束に努力しているのである。その講中の人びとの数は二十万人に達すると言われる。

もちろん、寺院にはそれ独自の、人がそもそも認めなければならないような信心を説く「人と仏」の教法というものがある。つまり、山岡師は会衆者の良き導師である、というのが最も重要なことである。その最高の原則は、寺院は僧侶のためにあるのではなく、信者のためにあるということである。従って、寺院自身は宿泊者の面倒をよくみ、供応《きょうおう》、接待に努めている。遍路は全て留まることを勧められるし、また無料で宿泊や賄《まかな》いがなされている。映画の上映も欠くことはない。本来の遍路以外にも沢山の老若の夫婦が地域一円から参拝に来ている。人びとに接する仕方を熟知している良き人間通である住職のこのような仕方は、おそらく「クリスチャン・サイエンス」に近いやり方であると言うべきなのであろう。彼自身いつも経文を引用して説教する。「唯一念、菩提心に住すれば全ての行為が菩提に当たらざることはない」と。

多くの寺院は基本的に言い伝えに基づいて「厄年《やくどし》」に当たる人に対し、守護力を提供している。伝説によると、空海は三十七歳また四十二歳の時に寺院に逗留し、厄年に備えて三十二日ないしは四十二日間秘法を行ったという。その種の最も良く知られているものの一つが、阿波の第二十三番霊場・薬王寺での話である。そこで大師は四十二歳の時に、呪術の修行に努めたという。私がこの寺院で受け取ったパンフレットにこの物語が述べられているが、「厄除け」と呼ばれる危機を払い除く仕方について書かれたものである。

「大小の厄年(23)に当たる者で、この厄介な危機「厄」を避けようとする者は、都合の良い日に寺に参るべきである。到着したら、そこでまず一足の新しい草鞋を購入する。そして男性は男坂、女性は女坂に着くところで草鞋を履き、そこから厄坂の石段を男性は四十二段、女性は三十三段登って行く。その際、一段一段の上に一厘、五厘あるいは一銭を置いて行く。男性、女性の厄を落とすために、薬師経が石に一字づつ刻まれ、男坂、女坂の下に埋められている。草鞋は坂の上に置いて行かなければならない。そして絵馬堂にある香の入った鉢を自分の年齢の数だけ鳴らす。それから残りの全ての伽藍を詣り、最後に随求塔(24)の前で銅鑼《どら》(25)を自分の年齢の数だけ鳴らす。そして厄除けのランプを本堂に奉納する。さらに厄除けの御利益があるように、売店に行って受付してから、そこで厄除けの祈祷を授かること」

埋められた薬師経に見られるように、大病の治療者である本来の救い手が薬師如来である一方、四国に、あるいは日本の他の場所に厄除け大師と呼ばれる大師信仰がある。武田豊四郎は密教の雑誌の中で、そのような厄除け像とは別の人物像や神仏像がどれくらい拡がって存在しているかということを調べた。その結果、厄除け大師像が他の全ての彫像よりも多く見られると言っている。大師像の他に観音、地蔵そして薬師のそれがある。この彫像の多くは弘法大師それ自身に起源があると見なされている。しかし、聖徳太子や日蓮上人も同様にそのような呪術力のある像を彫り、安置されたであろう。

厄除け大師については、遍路の寺院では本尊として安置されてはいない。もっとも、第二十番札所ではそのような像を所有してはいるが。最も有名なものは、第五十三番札所と第五十四番札所に挟まれた菊間に至る遍照院にある。その寺院は番外札所として多くの遍路が訪れる所である。また金剛山（あるいは金光山）仙龍寺は、第五十六番札所の奥の院に当たる。両寺院においては、現在弘法大師が本尊であるが、私は遍照院に着いて初めて少なくとも薬師如来がそこで崇拝されているのを知ることができた。従って、大師の像がいかに他の神仏を圧倒しているかが知られる。武田は大師へのこのような圧倒的な崇拝を危機に対する守護者として、日本の民俗信仰の主要な現象と特徴付けている。しかし、私の見解では、大師崇拝の意義というのは、日本の民俗信仰ということにあるのではなく、特に第一章〔本訳書では省略〕において論じられた宗教的仲介者という大師像が発展していく上で、大師崇拝がその重要な手がかりとなったという点にある、と見たいのである。

【註】

（1）飛脚…昔の速達郵便配達人。

（2）ファストとオーハサマの共訳による。

（3）私はここで「真言」を原語で繰り返す。つまり、この言葉の本来のあり方を表現している。

（4）またはその寺院の本尊に相応しい名前を記す。

（5）その代わりに、六十番の寺院では「石」という印のある円い印章を使っている（石鎚山の省略）。

（6）現在でも「情け」という言葉つまり同情（Mitleid）は、喜捨の意味で用いられている。そのことは、ドイツ語の喜捨（Almosen）がギリシャ語の eleemosyne に基因するようなものである。

（7）この修行はゴータマ（仏陀）に由来する。

（8）「ほうて」は「這って」の方言。

（9）昔、遍路は一般に大麦のみを貰っていた。他方、阿波の浄瑠璃の操り人形師と、たいていは同じ出身者である猿回しは、その芸に対して米を報酬として貰っていた。

（10）相原は三月二十七日、二十八日に東京のラジオで行った講演で、切断された足の切り口に草鞋を巻き付けている障害者がいること、そして牛に引っ張ってもらうようにして遍路をしている、と語っていた。

（11）「麩」は小麦粉でできたパンの一種で、汁の具としての他に、色々と利用されている。調理については、「ドイツ東洋文化研究」に収録された私の「日本の家庭薬」を参照。

（12）おそらく、大師と二人で遍路をしていることをさらに明確にするための大師の像であろう。

（13）「ようお参りで御座います」は遍路が普通に通り過ぎる際に取り交わす挨拶で、「Willkommen

auf der Wallfart!」あるいは「Wallheil !」と訳すことができよう。
(14) それは、おそらく炒られた粉であろう。いわゆる「はったい粉」である。だから、黄色い色をしているのである。これに対して蕎麦粉は、隠者（仙人）によって現在もなお素朴に冷たい水に溶いて、そのまま飲まれる。沖野岩三郎の小説『宿命』には、一人の巡礼者が宿屋（善根宿）に忘れた袋の中に、「はったい」がいっぱい入っていて、警察による家宅捜査の際に、爆薬と見間違えられて押収された、という話がある。
(15) この敷物は農家で利用されている、とその後で聞いて知った。おそらくそれは蚤が跳ねるのを防ぐのであろう。
(16) いわゆる「名物」。ある特定の場所で生産されているその土地独特の物産。
　例えば、ヨーロッパのフライブルク、またシュパイアーのブレッシェル（8文字型のビスケット）、ニュルンベルグのレープクーヘン（蜂蜜と生姜を入れたクッキー）、ハルツのハントケーゼ（小さな手形のチーズ）、フェストファーレンのミンケン（豚のもも肉）、キールのニシン、そしてミュンヘンのビール等々のようなものである。
(17) 四国以外の県では、四国遍路に行くということは、特に男性に対して、勧められるべき価値があることとは思われない。例えば山口地方では、結婚の仲介に際して、家族は全く善良で裕福であるとしても、祖父また親戚が一度は八十八ヶ所の遍路に行ったというようなことを言ったとすれば、むしろその家族に対して色々と異議が唱えられるという。
(18) この儀式は、見かけは真言の修験道から入って来ている。
(19) 少なくとも、このような名称を付けられているもう一つの寺院がある。それは河内の国、長野にある金剛寺である。
(20) 歌に二つの型がある。一つは普通の詠歌で、古い型である。他は「呑海節《どんかいぶし》」で、速く、宗教的な意味は少なく、調律されたメロディーを持つ。
(21) 第四十番札所には、そのような指が八つ一緒に入れられてある、ということである。
(22) 第三十六番、第三十七番寺院の縁起。あるいは本書の八一頁を参照。
(23) 冊子では、大きな厄年として、男性は四十一歳と四十二歳と六十一歳で、女性は三十二歳と三十三歳そして六十一歳。小さな厄年は、男女とも一歳、六歳、七歳、十五歳、十六歳、十九歳、二十四歳、二十五歳、二十八歳、三十四歳、三十七歳、四十三歳、四十六歳、五十一歳、五十二歳、五十五歳、六十歳、六十四歳、六十九歳、七十歳、七十八歳、七十九歳、八十二歳。
(24) 随求塔とは元は大随求菩薩（Mahapratisara）の寺院（礼拝堂）を意味する。それは密教のyogwan（与願）金剛「願いを聞き入れる金剛」と言い、確かに願いを聞き入れられるところからそう言われる。おそらくは、この礼拝堂の下には石に刻まれた大随求陀羅尼経の印が埋められているのであろう。
(25) 日本語では「磬板《けい》」あるいは「磬」。

# 終章　他力宗教としての真言

前章まで試みてきたのは、四国遍路の叙述であった。精神的な創設者に由来する遍路の慣習を追求することで、四つの国と寺院とを考察した。そして最後に、遍路とその衣裳と慣習に関心を向けた。そのため、寺院の広間に踏み入り、また簡素な宿泊所を訪れたりもした。そのことによってまた、一つのイメージが徐々に明確になり、我々が望む明確な概念と生き生きとした消息とを捉えることができた。しかし、それと同時に若干の問いが生まれてきた。それは、一体四国遍路の特別な意義というものが、本来その中にあるのだろうか。そのことによって、四国遍路と他の巡礼と果たして異なっているのだろうか。四国遍路が他の巡礼道よりも長いという事情は、ただそれだけのことなのであろうか。換言すると、八十八ヶ寺は遍路として傑出しているが、それはいわば程度の差だけなのだろうか。それとも何か特別なこと、本質的に異なることが認められるべきなのか、等々ということである。

差し当たり宗教的なことを度外視して見ても、どの巡礼も日本人にとって教育的な意義が含まれている。遍路は昔、現在のように人びとがそんなに容易にまたしばしば渡海できなかった時代に多くなっていった。しかし、現在でさえも毎年何千もの人が彼らの故郷を離れ、そして他の状況下では決して自分の人生において訪れないであろうような、祖国の一部を通って遍路するということは誰にとっても決して無関心ではいられない。彼らはどのくらい刺激的なものを家庭に送り届けることだろうか。もし彼らが他の地方の巡礼者と共に歩き廻る場合には、民族の同朋としての連帯感情をどれほど取り戻せるであろうか。最初の巡礼中に何人の人が、山の向こうに他の人びとが住んでいるということを十分に想像して、注意を払うだろうか。

巡礼の意義に関しては、八十八ヶ寺は確かに度合いにおいて傑出したものである。それはともかく、四国遍路は我々が既に冒頭で触れたように、巡礼者に対して四国におけるほど住民が大きな関心を持っている所の節で詳しく論じたように、「接待」は、他のどこにも見当たらない。従って、教育的な意義は遍路に限られるものではなく、遍路がそこを巡礼する四つの国の住民にも同様に及んでいるのである。(1)

経済的に見ても、遍路の慣習は無意味であるというものではない。たいていの場合、遍路本人の健康の改善を促すことは疑う余地はないが、その他にも経済的に優れた効果をもたらす。とりわけ四国にとって経済的な意義があるのは、誰もが言うように大師の故郷であり、大師がもたらしてくれた最も素晴らしい遺産である遍路の施設である。というのは、このようにして毎年数十万円がこの地に落とされるのである。我々が見てきたように、およそ各々の遍路は旅行費用として三十円から六十円、しかもその上、多くの場合それ以上を持参しているのである。毎年、四国を巡るために外から入ってくる三万人が消費する額の三分の一を受け取ると仮定しても――おそらくそれ以上だろうが、――遍路からこの地に持ち込まれる三十万から六十万円の金額が受け取られているのである。

その上さらに若干の寺院、例えば第五十四番と第六十一番のような寺院は、国中から資金が支援されることがある。また再建の際には、相当な金額の寄付が外からこの地に流れてくる。例えば第六十四番の寺院の再建に際して、石の門や本堂へと通じる石段は岡山から、建築材は大阪の富裕な商人等々から寄付されている。従って、「接待」によって毎年四国中に降り注ぐ恵みの流れの一部が再び戻ってくるのだ。しかし、実際には、「接待」で与えられる物は、直接に受取人の手に入るが、そんなに素晴らしい恵みとはいえないであろう。

四国遍路の意義を宗教的な観点から言えば、他の地の巡礼と比べて、差し当たっては程度の差のみであろうか。四国遍路は沢山の人のお陰で、優れた人たちが積極的に遍路に参加することによって民衆の信仰の向上と強化に役立っている、と言ってよい。多くの人たちにとって遍路は、訪れる寺院がどのようなものであるにせよ、彼らの日々の偉大な宗教的体験である。また四国においては流行や娯楽の要因は、よく言われることであるが、全く排除されているのだ。

さらに、四国遍路はとりわけ他の巡礼に対して、際立った現象を示している。富田斅純が投げかけた問い、四国では山岳宗教が純粋な形で維持されてはいないのではないか、という問いには言及せずにおくが、我々の見解によると、八十八ヶ所霊場に全て特別な意味を付与している現象はある不思議な事実である。それは、弘法大師が遍路にとって精神的な仲介者であり、その恩寵によって涅槃（ニルバーナ）への道が見出されるという事実である。真言――公式の教義ではなく、全く一般に広まった民間信仰――は、弘法大師がそんなことを夢想だにしなかったような、ある変化を成し遂げている。すなわち、我々はイエスの伝承された言葉、「わたしによらなければ、だれ一人、父のみもとに行くことはできない。」〔ヨハネ伝一四―六〕を大師の多くの文書の中にひたすら探し求めているのではないか。

ところで、「大師の御利益」として「南無大師遍照金剛」を遍路道で唱えることは、キリスト教に関連させて言えば、キリスト教の教会で救世主により近づく役割を持っていると、現在見なされている。こうした変化は、弘法大師が大日如来の化身とみなされることによって可能になってきた。しかしそれは、まず第一に四国遍路ということがもたらした結果なのである。そして大日如来は表舞台から退き、少なくとも民衆信仰となったものが人目を引いているのである。しかるに、それは明確な姿を目指す民衆の要求、この場合は卓越した大師の人格に依存するような要求なのか、それとも阿弥陀信仰からの無意識的な影響が絡んでいるのだろうか。

それは特別な研究基盤において初めて解決される問題である。しかしその場合でさえ不完全ではあろうが、さらに詳しい調査の結果、価値あるものが現れてくるだろう。その展開の端緒は、前にも言ったように、厄除け立像に見出されなければならない。それと並んで、遍路の杖が徐々に四国遍路に定着したという別の意味もそこに見出される。いずれの場合もこのように真言は、その本来的な意味に反して民衆の間に広範囲に広まり、また次にみるように単に通常の平信徒のための宗教というだけではなく、信心深い宗教（他力宗教）になるという事実に直面する。

我々は「私の復活」という著述についての評論でこの章を締めくくろう。それは『四国霊場』（一九二二年）に著されたものであるが、遍路についての宗教的な体験として適切な解説にもなるものである。と同時に、著者は僧侶であるので、真言の発展は平信徒の信仰に留まらず、信心深い宗教にも及んでいることを示している。

## 小林正盛著「私の復活」より

私の精神的な状態について、遍路を開始した明治四十年（一九〇七）、三十二歳の時のことを述べるのを許されるならば、私は当時様々な苦悩を持っていたということ、そしてそれを遍路によって克服しようと願ったことを、まず述べなくてはならない。それについて詳しく書くことは、一巻の書物を必要とするであろうが、私は二、三の理由をここで挙げたいと思う。まず第一に、私は不幸にもある女性に心を奪われていた。それは青春時代に失恋の痛手を負《お》っていたこと、そしてそのことがしばしば思い起こされたことである。二番目には、懐疑の虜《とりこ》になっていたこと、私自身は人びとに対して誠実であるのに、どうして人は私に誠実に接してくれないのか。私はそもそもどうして懐疑に悩まされるのか、私は誠実にそれを考えているのに。そのような疑いとまた別の問題が私を限りなく悩ませ、苦しめた。つまり第三には、私の学生に対する不寛容さ、また自らの人間的未熟さが私を苦しめた。そのために、学生にはきちんとした教育ができなかった。そしてまた自分自身も失敗し、彼らをもその実力を発揮させることができなかった。第四に、母の死が悲しかった等々――さらに幾つも数え挙げることができる。

要するに、私は悩みの子であった。そしてこの苦悩に打ちひしがれ、取り憑かれたように感じた。そこでこの苦悩を大師の人格によって、また私自身の体験によって解決することを期待した。つまり、「救い手の感じ」を体験したいと思った。そしてそれが上手くいかなかった場合には、私は死んでしまうかもしれない。そのように大きな決心をして、遍路に旅立ったのであった。当時私は確かに精神的虚脱感にあって、病んでいた。他人のなすこと言うことが私の胸に届いているのに、私はそれに対して何もすることができなかった。もしこのような状態を終わらせることができないならば、死んだ方がましではないか、と私は思った。当時の私の気分は、ちょうど誰かがむき出しの拳骨《げんこつ》で鉄板を打ち抜こうとしているようなものであった。

そこで、私は遍路に出たのであるが、特別な変化もなく、伊予そして土佐を通過して行った。ところが、土佐で心理的、身体的な変化が私の身に起こったのである。私の力がいかに小さいか、欠点がいかに多くあるか、私自身いかに外面的で弱い者であるか、ということを感じ取った。そしてこの感じはますます強くなっていった。私は家に戻ってきた時でさえ、この変化はますます強く私の上に、心理的にも身体的にも押し掛かってきた。

視覚―大いなるものの中に、仏像が私の眼の前で輝いて見える。
聴覚―深い夜の闇の中で、遠くから音楽を聴いた。
味覚―ピクルスとそれに似たものが急に感じられた。
感覚―あたかも膝から血が流れ出ているかのような感覚を持った。
記憶―あたかも急に強くなったかのような気持ちになった。

私は気が狂ってしまったのではないかと訝《いぶか》った。そして、禅魔（参禅中に現れる悪魔）に襲われたのではないかと思った。私は智者大師(2)の『禅波羅蜜』を読んでいたので、禅病(3)に陥ってしまったという確信をますます持ったのであった。精神が正常に戻るように、大変な努力をした。師に就かずに、ただ自分の思いつきに従っていた。その事を現在思い起こすと、実際それは大変な危機をともなっていたと思うのである。しかし、私は死の直前で生を見出したと思う。ついに再び、私は自分を健全であると感じるようになった。それ以来、私の身体は自ら招いた風邪を除いては健康であり、私の精神は快活である。私の重度の近眼はほとんど治り、苦しんでいた鼻の病気は完全に癒えている。

私の知覚力（感覚素質）は増大した。そして、どのようにして画家は絵を完成させるのかと、決して昔はそのようなことを考えたこともなかったのに、絵を描きたいという気持ちになった。私の声の大きさや長さは日に日に強くなっている。まさしく、私は大師の恩寵によって生き返ったように感じている。今私は、かつてはどのようにつまらない存在であったのか、と考えている。意識のない小さな粒のようなものだったのか、とも思う。また信仰が進むに従って、私は高齢であるが他の人にも私自身が成し遂げた遍路を勧めたいと思う。私は学生たちにも、友人たちにも同様に勧めたいと思う。

遍路に旅立つ者は

第一に、各々欲望を持ってはならない。

第二に、絶対に信仰心が篤くなくてはならない。

第三に、努力して最後まで頑張り抜かなくてはならない。

この三つの重要なことを守り抜く人は、また大師を胸に抱く人は、その人の上に大師自身が奇跡的な輝きを照らしてくれるであろう。

「南無大師遍照金剛」

【註】

（1）日本人の遍路における教育的な意義がどんなに高く評価されているかということは、四つの県の農業組合によって共同編集された『四国遍路道沿農業案内記』がそれを示している（松山、一九二九年）。この分野に関しては、日本においても四国は十分に素晴らしいものであることを示している。多数の模範的に営まれている共同組合の事業自体を度外視するとしても、二四二頁強のこの案内記は同様にそのことを示している。

(2)中国の僧侶。天台宗の開祖。記述の著作は『仏教大辞典』にはなかった。おそらく誤植ではないか。Zenbamonmitu ではなく、禅波羅蜜〔『天台小止観』か〕ではないか。

(3) 禅病とは『仏教大辞典』によると、精神障害に対する仏教的な名称とある。それは精神の狂乱に起因する。「禅病」という言葉は——そのことについて何人かの日本人に尋ねたことと一致したが——ディヤーナ（禅）によって引き起こされる精神的錯乱を意味するのだと思う。

# 補遺

一　四国遍路地図

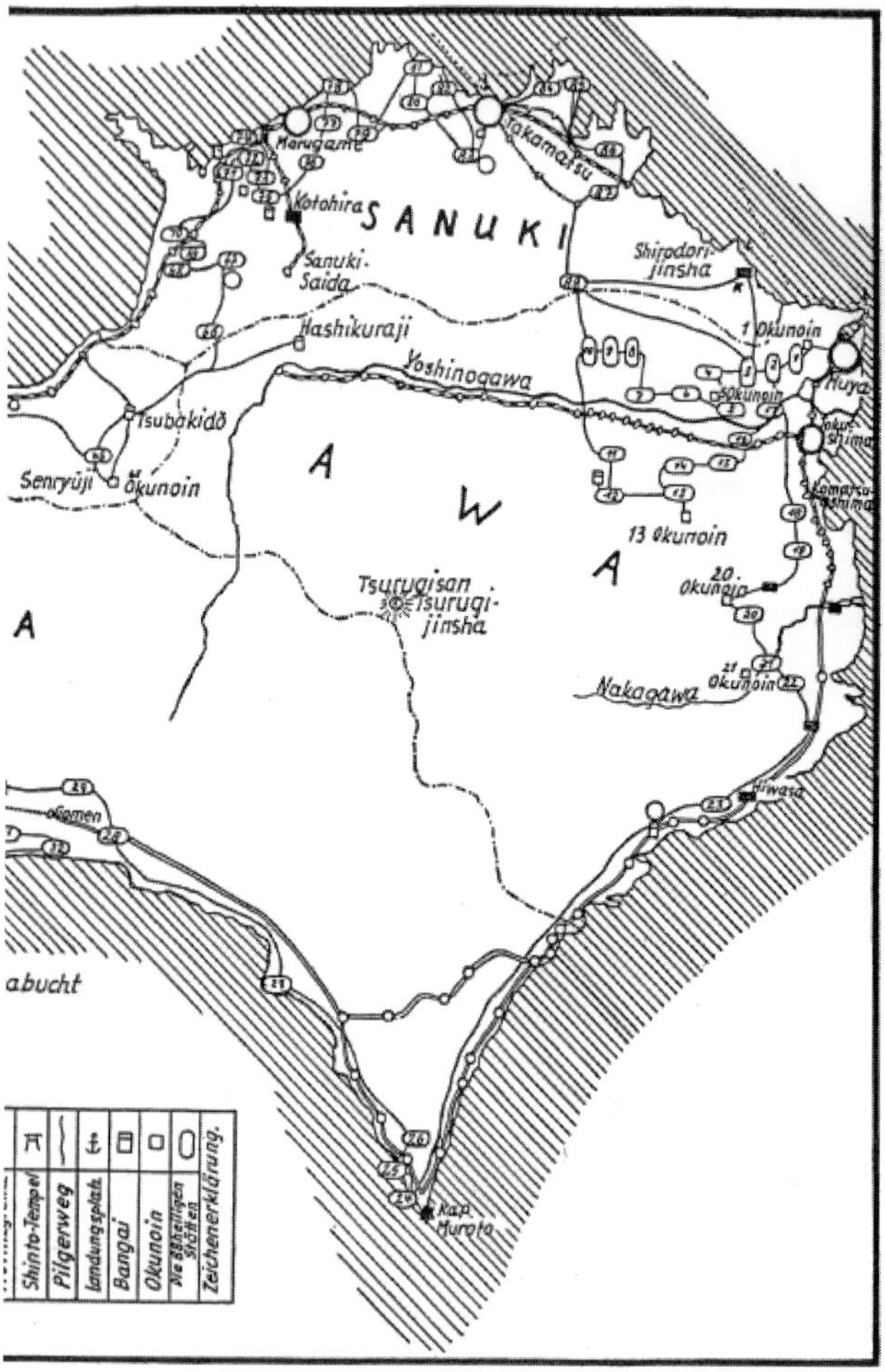
SANUKI
Marugame
Takamatsu
Kotohira
Sanuki-Saida
Shirodori-jinsha
Hashikuraji
Yoshinogawa
1 Okunoin
Tsubakidō
Senryūji
Okunoin
A W A
13 Okunoin
20 Okunoin
Tsurugisan
Tsurugi-jinsha
A
21 Okunoin
Nakagawa
Hiwasa
abucht
Kap Muroto
Shinto-Tempel
Pilgerweg
Landungsplatz
Bangai
Okunoin
Zeichenerklärung.

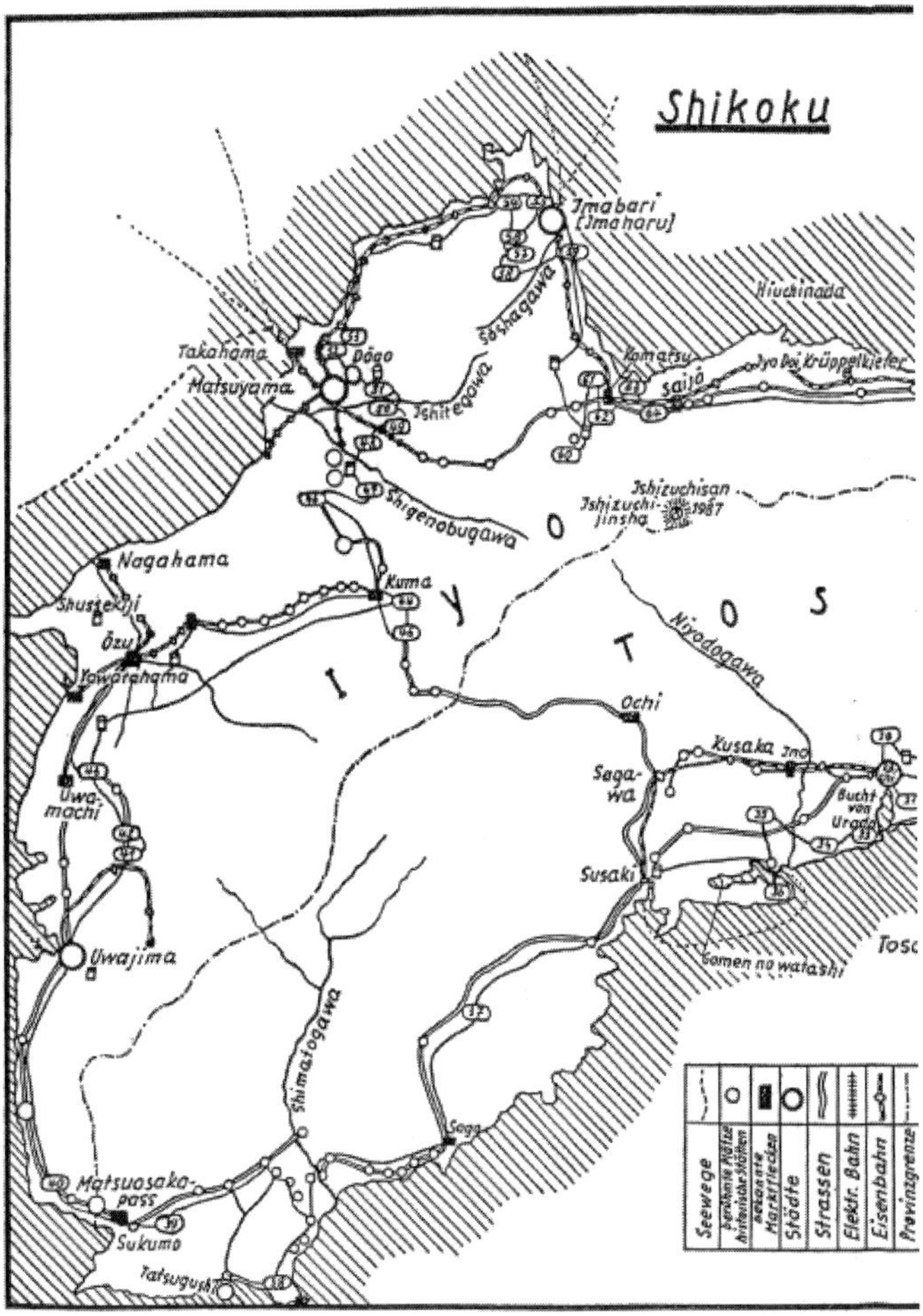
Shikoku
Imabari [Imaharu]
Hiuchinada
Takahama
Dōgo
Matsuyama
Ishiteqawa
Sōshagawa
Komatsu
Saijō
Iyo Doi Krüppelkiefer
Shigenobugawa
Ishizuchisan
Ishizuchi-jinsha
1987
I Y O
T O S
Nagahama
Kuma
Shussekiji
Ōzu
Yawatahama
Uwa-machi
Uwajima
Nirodogawa
Ochi
Kusaka
Ino
Sagawa
Bucht von Urado
Susaki
Gomen no watashi
Shimatogawa
Saga
Matsuosaka-pass
Sukumo
Tatsugushi
Seewege
Berühmte Plätze historische Stätten
Bekannte Marktflecken
Städte
Strassen
Elektr. Bahn
Eisenbahn
Provinzgrenze

## 二　遍路用語の表現と慣用句のリスト

次の一覧は決して完全なものというわけではない。それはまず第一に、この著作の中に現れてくる用語をよりよく理解するという目的に限ったものである。


網代笠《あじろがさ》……薄い竹で編まれた帽子。昔の巡礼笠。

雨具……たいていは一枚の油紙か同じ素材でできた袖なしのマント（合羽《かっぱ》）。昔は筵《むしろ》（茣蓙《ござ》）。

足半《あしなか》、足半草履《ぞうり》……草履。それは専ら足底を保護し、踵《かかと》を自由にする。現在ではもはや使われていないが、ただ小さな模造品が大師のものとして持参される。

番外……八十八ヶ所の順番外にある札所。しかし、たいていの遍路はそこを訪れる。そして印章を受け取ることが許されている。番外の各々は明らかに古い由来をもっているが、新しくて疑わしいものもある。

病気なおし……病気の治療を目的とした遍路。

手水《ちょうず》……手洗い。

手水桶……手を洗うための水桶。

代参……他人に代わって遍路をすること。

大師《だいし》……弘法大師、日本の真言宗の開祖。

大師の穴……南土佐にある炭焼き窯の穴。

大師堂……遍路寺院の境内にある大師のお堂。

大師の履き物……足半。

大師の宝号……真言宗の僧侶の叙階式に与えられる名前。「遍照金剛《へんじょうこんごう》」。

大師の加持水《かじすい》……遍路道の多くで見られる泉。大師が法力（加持祈祷）でもたらした飲み水。

大師の御用……藁袋の小さな模造品。大師のために手荷物として携えられている。荷俵を参照。

「大師〔弘法〕も筆の誤り」……大師も時には間違うこともある＝誤りというものは人間的なものである。

「石は大師の頭なり眠っても踏むべからず」……石は大師の頭なので、眠っている時でもその上を歩いてはいけない（遍路の足を労《いたわ》れという警告）。

高野大師《こうやだいし》……大師の一番有名な像。椅子に座った大師が描かれている肖像。

子安《こやす》大師……香園寺（第六十一番札所）にあり、神秘な力が宿っている子供のための大師像として有名である。

「太閤は秀吉に盗られ、大師は弘法に盗られる」……弘法大師の名声を特徴付ける諺。

厄除《やくよ》け大師……ある年齢の危機を除去する力を持つ大師像。

同行《どうぎょう》……道連れ。

同行二人《どうぎょうににん》……大師と共に遍路をしているということを意味する、札や杖に書かれている銘文。

詠歌、御詠歌《ごえいか》……寺院の頌歌《しょうか》。

絵馬堂……寺院の宝物殿。奉納画が掛かっている御堂。

札、御札……遍路が各々の寺院または特別の場所に奉納する札。

札挟み……二枚の板でできており、その間に遍路は札をしまっておく。

札流し……毎年松山の高浜で催される祭儀。一年間の全ての札が旧松山（第四十四番―第五十三番）の十ヶ寺から海に流される。

札所《ふだしょ》……そこで札を奉納する遍路の寺院。

札を納める、札を打つ……札所を参照。

護摩《ごま》、護摩修行……真言密教の中でも最も重要な修行の一つ。火祭りの一種。木や木の葉、香を焚いて、本尊の前で読経する。

護摩壇……護摩を焚く祭壇または場所。

護摩殿……若干の寺院は護摩を焚く特別な御堂を持っている。例えば、第六十一番札所。

胡麻酢《ごまず》……遍路には禁止されている酒類の婉曲的な名称。

御免《ごめん》の渡《わた》し……「貰い許しを得た渡航」。伝説によると、弘法大師が遍路に一艘の舟で行くことを許可した場所。

茣蓙《ござ》……イグサの筵《むしろ》。昔は一般に風雨から身を守るために遍路が身にまとったが、現在では四国で剣岳に参詣する場合に持って行かれる。

逆……巡拝を逆にする。逆方向に遍路すること。

白衣《びゃくえ》の着物……白い遍路の衣裳。

へんど……「遍路」の方言。

遍照金剛《へんじょうこんごう》……弘法大師が〔恵果阿闍梨《けいかあじゃり》から秘法を伝授された※〕際に授けられた宝号。

遍礼……遍路。

遍路……元来は巡礼であったが、現在では四国遍路をする人と捉えられている。

遍路の道具……遍路の持ち物。

遍路の服装……遍路の装束。

遍路具……遍路の道具。

遍路の実……遍路のブドウ。ある特定の場所に自生している食用の野いちごで、通俗的な呼称。

遍路道……遍路の歩く道。

遍路の関所……そこで改悛の情のない遍路が何らかの天罰を経験する有名な寺院。特に第十九番札所と第四十番札所が関所と言われる。

本堂……寺院の中心的な堂。

「奉納する」……「納め奉る」の中国語読み。

本尊、御本尊……寺院の主たる尊像。

法螺《ほら》、法螺貝……第一音節「ホ」は仏教の法と合わせるために「ホウラ」と時に呼ばれる。

宝塔……寺院にある二階建ての宝物塔。

インゲ（院家）……寺院の住職に対する丁寧な名称。

「石は大師の頭」……大師の項を参照。

躄《いざり》り車……足腰に障害のある遍路が用いる車。

常習者……遍路を職業としている人。

順……札所番号の順番に廻ること。

住職……寺院の主たる僧侶。

数珠《じゅず》……玉を連ねた仏教の法具。

開帳、御開帳……厨子《ずし》に納められた本尊を公開すること。

開基《かいき》……寺院の創立。

開山《かいさん》……寺院の建立、特に山岳寺院に関係する。

加持祈祷《かじきとう》……法力を授けること。

加持水……加持祈祷によって湧き出る水。

掛けずれ……しばしば詐欺の目的で途中に加わってくる道連れの仲間。

鐘突堂《かねつきどう》……鐘が吊り下がっている堂。

笠……巡礼者が被る帽子の名称。

「忝《かたじけな》い」……施し物を受ける際に遍路が使う感謝の言葉。

金剛杖……遍路が持つ杖。

喰わず芋……「里芋」に似た植物の一種。伝説によると大師の呪《のろ》いのため、その団子状のものは食べられないという。おそらく熱帯地方に生育する有毒な品種。室戸岬に存在する。

喰わず貝……化石になった貝。第二十七番札所の標高三、四〇〇メートルの高い所に見られる。また、大師の罰によって化石になったともいう。

喰わず梨……第八十四番札所で言われる「食べられない梨」。前項とよく似たもの。

脚絆《きゃはん》……ゲートル。

経……スートラ。

経帷子《きょうかたびら》……白い遍路服。

経蔵《きょうぞう》……経文《きょうもん》の倉庫。経文類を保存するための六角形の建物。

お参り……巡礼、遍路。

「ようお参りです」……遍路同士が出会う時に、しばしば交わす挨拶。

守り、お守り……護符。

面桶《めんつう》……〔飯を一人前ずつ盛る曲げ物※〕。現在では一般には使われていない。

詣《もう》でる……寺院を訪れること。

南無《なむ》大師《だいし》遍照《へんじょう》金剛《こんごう》……「私は大師を信じます。また全てを照らすもの、金剛を信じます」
という遍路の祈祷の文言。修行の実践の際に挨拶ないし、感謝の言葉として使われる。

「生大根へんどに喰わせ」……前項の滑稽な歪曲表現。時には子供たちが遍路の旺盛な食欲の特徴を示すために後から呼びかける。

荷台……手荷物の携帯用台架。

荷俵《にだわら》……元は施し物を受けるために携帯するもので、普通は藁蒲団のこと。小さな模造品は現在、「大師の御用」として携帯される。

荷行李《にごうり》……竹、または柳で編んだ手荷物用の籠《かご》。

納経……かつてはお経あるいはそれを写経して奉納した。現在ではお金に代わっている。

納経帳……巡礼者が各々の寺院で参拝した印を記帳し、印章を押してもらう帳面。

納経書き……納経帳に記録する人。

納経所……納経を扱う窓口。

納札《のうさつ（おさめふだ）》……寺院に奉納する札。

納札する……札を納めること。

女人禁制……女性が特定の場所に足を踏み入れることを禁じること。現在でも僅かに名残がある。

負い出し……荷台のこと。

奥の院……たいてい山中の札所よりさらに奥深い所にある寺院。そこは「奥の院」と呼ばれている。

礼詣り、礼廻り、御礼詣り……願いが叶えられて、感謝のために再び遍路すること。

霊……「聖なる」の意。

霊木……聖なる木。

霊場……巡礼寺院のある領域。

霊験《れいけん》……聖なる効き目や不思議な力のこと。

霊刹《れいさつ》……不思議な力のある寺院。

霊泉……不思議な力のある泉。

輪……遍路が持っている鈴。

両部神道……真言の教義。「神」と「仏」とは同一であること。

再興……古く朽ちた寺院を新しく建て直すこと。

三衣袋、サンヤ……首から吊り下げた施し物を受ける袋。現在ではほとんど僧侶だけが持っている。

山岳仏教……山野での修行を中心とした仏教。

線香……お香、荘厳具。

接待……あらゆる種類の自発的なもてなしや務め。巡礼者をその地域の住民たちがもてなすこと。

接待船……春の時期、遍路の人たちに接待で施す品を運ぶ九州や紀州から四国へ向かう船。

錫杖《しゃくじょう》……輪の付いた大きめの巡礼杖。

お四国、お四国様、お四国巡り……四国遍路。

心願……心からの願い。ないしはこのような願いが実現されるためになされる誓い。

精進《しょうじん》……身を慎むこと。

「ご精進ですか」……「動物性のタンパク質は食べないのですか」。

修行……元来は僧侶の修行のこと。慈悲の心を示す機会を人びとに得せしめるために、他人の家の門口で祈祷文を唱えながら歩むこと。現在では、しばしば物乞いと同義に使われる。

「修行にかかる」……「修行」をすること。

「修行をする」……「修行」を促すこと。

尻敷き……座る時に使われる布や革製の敷物。

尻すけ、尻付け……前項のもの。

「托鉢《たくはつ》をする」……「修行」を促すことに同じ。

立石……石の道標。

手甲《てっこう》……腕と手の日除け具。

「通《とお》り」「お通り」……「お通りなさい」は、施し物を頼む遍路への拒否の言葉。

「土佐は鬼国」……土佐は鬼のような国である。

「土佐は女の地獄」……土佐は女性にとって地獄のようである。

通夜《つや》……たいていは「開帳」のような宗教的な催し物と結びついた寺院での宿泊。

通夜宿……巡礼者が宿泊する広間。

打つ……貼り付ける。札を差し出す時にも使われる。さらに寺院を訪ねる時にも使われる。

打ち戻り……遍路が同じ道程を戻ること。

脇侍《わきじ》……たいていは本尊の両脇に立っている仏像。

わろうず……「草鞋《わらじ》（藁靴）」の変形した表現。

厄除《やくよ》け……ある年齢の危機を除去するための修行。

善根《ぜんごん》する……遍路を無報酬で泊めること。

善根宿《ぜんごんやど》……信心深い人たちによる無料の宿泊所。

頭陀袋《ずだぶくろ》……受け取った施し物など入れて、肩から下げる袋。

## 三　二つの通行手形

以下、私が所有している通行手形の翻訳をしておきたいと思う。一つは、景浦直孝教授（松山）

から友情の証しに私が受け取ったものであり、ある村の庄屋により発行されたものである。それは一八二三年にできたものである。二つ目のものは、寺院から発行されたもので、一八一二年に作られている。それは当該寺院の引き戸に張ってあったものである。それには印章はない。だからおそらくは、試し刷りのためか、あるいは何らかの理由で使用に適さなかった見本なのではないか。しかしそれは、テキストとして二、三の興味ある相違が見られるので、ここに他のものと比較して翻訳、再現してみようと思う。

通行手形（一）

伊衛門の妻ひさとその息子源次郎は、以下の村の出身で、請願によって近いうちに四国遍路に出かける。従って、彼らが通る様々な国境では、彼らを留めることなく、通過させることを乞う。とりわけ黄昏時《たそがれどき》には（あるいは不意に夕暮れるような場合には）、宿泊を与えられるよう乞う。彼らの宗派は、確かに代々真言宗に属しており、後述の村の瑞安寺の檀家信徒である。その他の点に関しても、あらゆる点で怪しきところはない。

以上の通行手形を認める。

伊予の国、喜多郡新谷村

新谷村庄屋　玉井重左衛門

文政六年
国境にて、
庄屋殿

通行手形（二）

伊予国温泉郡立花村明房　大音寺の僧

右の者はまもなく四国巡拝に出るので、彼を躊躇なく国境を通過させるように国境の役所に乞う。彼の宗派は確かに真言宗に属しており、しかも署名者の寺院に属している。夕暮れには彼を宿泊させるように乞う。もし彼が（途上で）病に罹《かか》るか、死ぬことがあれば、通知することなしに当地のしきたりによって埋葬されんことを乞う。

当通行手形は将来の閲覧目的で発行される。

文化九年五月五日

（寺院名）大音寺

（書名と印章は欠如）

国々の役人へ

## 四　参考・関係書誌の案内

Ⅰ　伝記

一　『続群書類従』第八輯下　伝部中（二百六―二百十）

多くの古い伝記はここに掲載されている（昭和二年十月五日再版発行）東京市西巣鴨町大字巣鴨　続群書類従完成会発行。

（一）『空海僧都伝』真済著　弘法大師の弟子、八三五年。一九一一年に東京で外国語に翻訳出版。

（二）『贈大僧正空海和上伝記』貞観寺座主記　八九五年。

（三）『大師御行状集記』（寛治三年）経範集記　弘法大師の法類、一〇八九年。

（四）『弘法大師御伝』金剛峯寺沙門維実記　一七一八年。

（五）『弘法大師行化記』金剛子龍肝記　一八二五年に再編。

（六）『高野大師御広伝』聖賢阿闍梨記　一一一八年、謄写本に続いて一八〇〇年に再版。

（七）『弘法略頌抄』道範阿闍梨記　一二三四年、一七九四年に再版。

二　『弘法大師正伝』高演著　一八三四年。

三　『弘法大師行状記』国文東方仏教叢書伝記部上　著者不明、十二の図像が掲載されている巻物、京都の東寺。東京、一九二五年。

四　近代に出版された物はたいてい学術論文の形をとっているが、遍路の感化のために作られた特定の伝説がある。それらは次のようなものである。

（一）『五獄の雲』京都、明治三十四年六月十五日、教区長E・シラー博士の翻訳。G.f.N. の中巻とV.O.XI 4.

（二）『弘法大師御一代記』此村庄助著　大阪、一九二二年。図解あり、奇跡を強調。

（三）『弘法大師』三浦仙章著　景浦直孝の序文付、松山、一九一七年。

（四）『弘法大師ノ御偉徳』広安恭寿著　京都、一九〇三年。

（五）『弘法大師御伝記』蓮生観善著　京都、一九二一年。一〇四頁の小冊子ながら、大変明解で非常に手際よく書かれている。

（六）『弘法大師伝ノ研究』牧野信之助著。

これまでに挙げられた著作の他に、本著述を作成するに当たり、次の著作や論文を利用した（『仏教大辞典』や『日本百科辞典』のような辞書類は特に挙げない）。

（一）『伊予史精義』景浦直孝著　大正十三年、発行　松山。

（二）『伊予二名集』（ふたなは伊予の古い名称）著者は不明。一九二五年の新版。曽我端より入手、私は景浦直孝教授の所蔵する貞享時代の写しを利用することができた。

（三）『私の観たる弘法大師』永田秀次郎著　大正十五年発行　一九二六年大阪で開催された

式典の祝辞。政治家の見解として示唆に富む。知事にまた東京の市長にまで贈られた。

(四)『密教百話』富田斅純著　大正十四年発行　東京。真言密教の簡単な叙述。

(五)『日本文化と仏教』谷本富著　大正十三年　3Ａ判　東京。

(六)『順礼歌の宗教』稲村修道著　昭和二年発行　大阪。(平信徒のための)仏教的な救済を叙述。西国巡礼の御詠歌に依拠したものである。西国巡礼の起源についての附録がある。

(七)『土佐史蹟巡遊』寺石正路著　昭和元年発行　高知。土佐地方のほとんどの歴史的記念碑に言及している。しかし、それは遍路の精神には言及していない。

(八) *Studies in Japanese Buddhism*, Verf. :Reischauer. New York 1917.(ライシャワー著『日本仏教の研究』ニューヨーク　昭和二年)。

(九) Developments of Jap.Buddhism, Verf.: Lloyd, *Transactions of the Asiatic Society Vol. XXII.* 1894(ロイド著述「日本仏教の発達」『アジア協会紀要』Vol.XXII. 明治二十七年)。

(十) Die kontemplativen Shulen des japanischen Buddhismus, Verf.: Hass, *Mitt. d. Ges. f.N.u.V.O.A.Bd.X,2*(ハース著述「日本仏教の瞑想学派」)。

(十一) Annalen des jap.Buddhismus ,Verf : Hass,*Mitt.d.Ges.f.N.u.V.O.A.Bd.XI,3.*(ハース著述「日本仏教年報」)。

(十二) Kirchenväter und Mahayanismus, Verf.: Lloyd, Ibidem, Bd.XI,4.(ロイド著述「教父と大乗仏教」)。

（十三）『迷信と医学』後藤道雄著　大正十年発行　京都。特別の章で四国諸寺における迷信の若干の事例を取り扱っている。残念ながら阿波地方のみである。

（十四）「本朝薬師如来の信仰」田中海応述『密教』第三巻第四号一二九頁以下、大正二年十二月二十日発行。

（十五）「民間伝説より観たる聖空海」武田豊四郎述『密教』第三巻第三号　一一八頁以下、大正二年十月二十五日発行。

（十六）『四国霊場』繁多寺護協編　大正十一年四月。他の論文と並んで、景浦の空海生誕地についての確定論を含む。繁多寺は第五十番札所。

（十七）『改造以前ニ於ケル高野山文化史』中田法寿著述　大正十年（十年？）。

個々の寺院の編輯による、多少詳しい遍路の歴史と意義についての出版物を個別に挙げることは控えようと思う。

## Ⅱ　道中記

（一）賢明権僧正著『空性法親王四国霊場御巡行記』（寛永十五年八月から十一月まで）。『国文東方仏教叢書』紀行部　東京　一九一四年。

（二）四国猿（菅菊太郎のペンネーム）著述「四国遍礼同行二人」。「東京二六新聞」四月から六月まで（明治三十六年所掲）。

（三）蟹蜘蛛（篠原のペンネーム）著述「四国八十八ヶ所同行二人」。「愛媛新報」（大正十五年九、十、十一月まで所掲）松山。

（四）富田斅純著『四国遍路』　大正十五年十月一日発行　東京。

Ⅲ　遍路案内

（一）『四国邊路道指南』真念著　一六八六年草稿　一六八八年刊行　大阪。

（二）『四国徧礼道指南増補大成』上田著　一八三六年　大阪　新版。

（三）『四国名所誌』得能通義著　松山　一八九六年。

（四）『四国遍路同行二人』三好広太著　大阪　十八版　一九二五年。

# 補足（写真・図版）

第 23 番・薬王寺、日和佐の眺め

津呂の港（土佐）、土佐の港は狭く危険な出口

土佐の夏、第 25 番・津照寺と第 26 番・金剛頂寺の間の路上の光景

鵜と鵜匠たち、仁井淀川の川原での昼休み

讃岐、金毘羅の古い高灯籠

第 42 番・仏木寺と第 43 番・明石寺の間にある道標

第 23 番・薬王寺の全景

第 15 番・国分寺の全景

第 11 番・藤井寺の全景

第 1 番・霊山寺の仁王門

第43番・明石寺、元禄時代の平屋、側面
背後に現在（昭和初期）の本堂の破風

第4番・大日寺本堂、よくある様式

第 13 番・大日寺本堂

第 43 番・明石寺本堂、際立った軒の張り出し、多くの奉納画

第75番・善通寺奥の院（大師の誕生寺）、本堂、
前方の破風が伸びている。

第87番・長尾寺の本堂と塔、破風が建物の棟に届いている。

第 15 番・国分寺本堂、二階建て

第 21 番・太龍寺大師堂

第 60 番・横峰寺の鐘楼、開放型

第 51 番・石手寺の鐘楼、閉鎖型。文化財になっている。

第 17 番・井戸寺の経蔵

第 79 番・高照院、入口前にある美しい神道の鳥居。その奥に寺の本堂がある。

第 41 番・龍光寺、大師堂と本堂の間に立つ２番目の鳥居

第 60 番・横峰寺の本堂、神道の社殿の建築様式

納札で作られた大師像と右衛門三郎の彫像

草鞋の置いてある店の前で、北海道から来た遍路。草鞋の側には竹筒が掛かっており、その上に５銭と書かれた値段が付いている。

遍路中の母と娘たち。彼女たちは白い装束を着けていないが、その他の点では、規則通りの持ち物を持っている。

貞享時代の遍路（男性２人と女性１人、『四国邊路道指南』）

文化期の案内書にある左図。先頭の遍路は僧侶らしい。

第27番・神峯寺の大師堂で

第9番・法輪寺の納経所

第 51 番・石手寺を詣でたハンセン病患者

第 66 番・雲辺寺の通夜堂（海抜 1200m）

第 87 番・長尾寺、人の背丈ほどもある草鞋の掛かる仁王門

第 42 番・仏木寺の牛王堂

第 41 番・龍光寺、１０歳の男の子によって書かれたもの。（右から、奉納、十一面観音、稲荷山の文字）

高築という名前の遍路札。上に四国を 12 回廻ったと筆書きがある。円の中央の「經」の字は赤色、他は黒地に白抜き文字。

東京の弘静講という団体の札。遍路を共にする人の名と住所が書かれている。

京都の浜村氏の札。「ハマムラ」のカタカナ文字が顔の輪郭を作っている。

印刷されている札で、大師像があるもの。左側に願主名が書き込まれている。〔ボーナーが納めた札〕

当遍路のために制作された木版の札。自分と亡くなった妻のために遍路をなすという七十歳の彼は、札に「同行二人」とすべきところ「同行三人」と書いている。

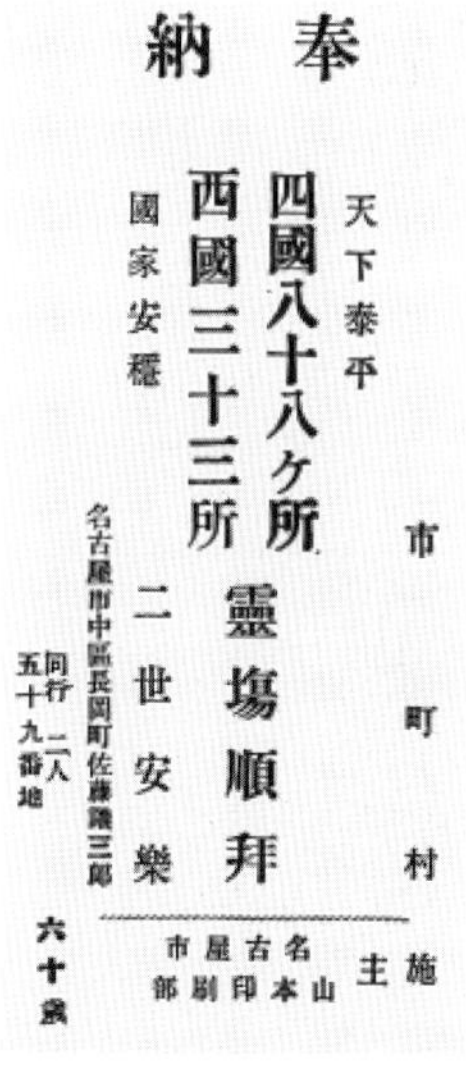


四国遍路と西国巡礼とを結びつけている遍路の緑色の札。下の文字から、この札は「接待」として名古屋の山本印刷業者によって寄付されたことが分かる。

弘法大師像、その上に大日如来像（大阪在住の私の兄弟が所有する木版による）

横峯寺の護符

【解説】

# アルフレート・ボーナーと『同行二人の遍路』

佐藤 久光

## 一　はじめに

平成十年以降、四国遍路の人数は急速に増加した。その背景には、自然の豊かな四国路には今は失われたかつての日本の原風景が残り、それを求める人や、定年退職を機に人生を振り返る人、不況の中で格安バスツアーで手軽に巡拝する中高年層などと様々である。また、「歩き遍路」が徐々に増えるにつれて、個人による接待が復活するようになった。「歩き遍路」という言葉は平成期に入って使われ出したもので、時代の反映かもしれない。何故ならば、本来遍路は遍路道を杖をついて徒歩で巡拝するものであったが、昭和四十年代に入るとバス巡拝が盛んになり、やがて自家用車による巡拝が主流となると、徒歩巡拝は急激に減少した。そのような状況の中で徒歩巡拝が見直され出して「歩き遍路」という名称になった。

四国遍路に関する研究も今世紀に入ってより一層活発になっている。従来の民俗学、宗教学、仏教学以外にも社会学、地理学、文化人類学、福祉学からのアプローチなど新しい視点が加わってきた。また、四国遍路を地方の特色ある文化財として再評価する捉え方も出始め、「世界文化遺産」への登録の動きもある。

さて、そのような四国遍路の昨今の様相の中で、本書のアルフレート・ボーナーによる『同行二人の遍路』は今から約八十年前の昭和六年に発行されている（ドイツ東洋文化研究協会（O・A・G）の会報の増刊号としてドイツ語で出版された）。当時においては現在のような活発な研究活動からは想像できないほど、四国遍路を研究の対象とする人は少なかった。その背景には遍路が四国の人には日常生活に溶け込んでいたこと、かつ遍路には貧者や病人、国元を追われた人が多かったこともあって、特別に学問として取り上げる風潮はなかったからと思われる。しかしながら、著者は外国人であったからこそ異国の文化にいち早く関心をもち、遍路に注目したものと言えよう。そこには日本人では当然視して見逃しがちな視点をよく押さえている。そのような卓越した研究視点をもったボーナーの人物像とその業績、そして本書の内容及び本書のもつ意義について述べてみる。

## 二　アルフレート・ボーナーとその業績

アルフレート・ボーナー（『暁雲こむる』平成元年より）

本書の著者であるアルフレート・ボーナー（Alfred Bohner 一八九四―一九五八）の人物像については、残念ながらその詳しいことがよく分からない。彼はバーゼル福音伝道教会の牧師を父にもち、四人兄弟の四男として一八九四年オーストリアで生まれている。一九二二年（大正十一年）から二八年（昭和三年）までの七年間、旧制の松山高等学校に赴任してドイツ語を教えていた。その期間は彼が二十八歳から三十四歳までの時期に当たる。そして一九二三年に長女ハンナさんが生まれている。

ボーナー家は親日家を多く輩出している。次兄のヘルマン・ボーナー（Hermann Bohner 一八八四―一九六三）は大正十一年に大阪外国語学校（旧大阪外国語大学の前身）の講師に赴任し、その後教授となって約四十年間勤めた。ヘルマンはドイツ語やドイツ文学・文化などを教えるかたわら日本文化の研究を数多く手がけた人物として知られる。その成果が認められて昭和十一年と同三十三年に叙勲を受けている。彼は日本で死亡し、神戸の再度山《ふたたびやま》の墓地で眠っている。

すぐ上の兄のゴットロープ・ボーナー（Gottlob Bohner 一八八八―一九六三）も来日し、旧制高知高等学校で大正十四年から四年間ドイツ語を教えている。多分、次兄ヘルマンが弟二人を日本に呼び寄せて教職に就かせたと言われている（「ヘルマン・ボーネル先生の生誕百年記念展示会」の冊子）。

さて、本書の著者であるアルフレート・ボーナーは大正十一年に来日し、旧制の松山高等学校でドイツ語の教鞭をとっていた。教え子の回想によると（『瀬戸の鳥山　旧制高校叢書　松高篇』一九六六年、松山高等学校創立六十五周年記念『真善美』一九八四年、松山高等学校創立七〇年記念『暁雲こむる』一九八九年）、ボーナーの人柄がよく分かる。その一つは運動会で肥満体のボーナーはトラック一周を最後まで頑張ったことで、粘り強さがあった。第二に、ボーナーはユーモアに富んだ性格で、第一次世界大戦時にイタリアに国賓として行った、と学生に語ったが、それは捕虜になったことであった。着任した夏に音楽会が開催され、そこでボーナーはピアノ独演、ドイツ民謡を歌い、その本領を発揮した。アンコールに応えて、「もう一度歌います」という代わりに「私はもう一度泣きます」と語り、客席からヤンヤの喝采を浴びた。また、日本語を読めたボーナーは何かの文章で「色男」と出てきたので、学生に「色のついた男って何だ」と尋ねた、というエピソードが残っている。また本文中に「せんべい蒲団」をお菓子のワッフルに例えるなどユーモラスな感覚を持っていた。第三に、教師としての優秀性であった。授業には工夫があって、その教え方は上手であった。「自国語つまりドイツ語を外国人に教える天賦の才があった」（八木亀太郎「ボーナー先生の最後の手紙」）と言われる。

ドイツ語の教師としての能力に加え、研究者としても優秀であった。それは『同行二人の遍路』の本文中の論旨の展開や鋭い観察力でも分かる。日本文化とりわけ宗教に関心を強く持っていた。その一つが四国遍路であった。アルフレート夫妻は昭和二年に自ら歩いて遍路に出掛け、それを記述したのが本書であり、それは博士論文ともなった（前掲の冊子）。その内容については後に詳しく述べるが、国内外の数多くの文献を参照するなど、その博学さは驚きでもある。そして、自然風景の描写や人びとの仕草を美しい文章で綴る文才も兼ね備えていた。

遍路に関する歴史的な記述も文献資料や納札、鰐口などの史料を用いて極めて論理的で緻密な研究であり、遍路の習俗の捉え方も資料に加え、当時の様相との変化も正確に捉えている。その上で、自らが遍路体験をしたことによって鋭い観察力を遺憾なく発揮している。

ボーナーは仏教以外の日本の宗教として、キリシタンにも興味を示した。それを著したのは次の論文である。

Schulen der Kiristan in Iyo,（「伊予におけるキリスト教徒の教育）O.A.G 1930.

Tenchi Hajimaru no koto,（「天地始まるのこと」）Monumenta Nipponica 1938.

なお、宗教以外の研究として、日本滞在中及び帰国後も日本研究の成果を発表している。それは次のようなものである。

1 Japanische Hausmittel,（「日本の家庭薬」）Kawagimi Hakusen Tokyo 1927.

2 Japan und die Welt,（「日本と世界」）Langensalza, Berlin, Leipzig : Beltz 1937.

3 Japan und die Welt,（「日本と世界」）Langensalza : Beltz 1938.

4 Japan und die Welt 2,（「日本と世界2」）Langensalza : Beltz 1941.

ドイツに帰国した後のボーナーの消息も詳しいことは分からないが、旧制松山高等学校時代の教え子（八木亀太郎）が送った手紙の返事によると次のようであった。ボーナーは第二次世界大戦中に軍隊の諜報機関で戦略資料の作成に従事していた。やがて教育者に戻り、パルツ州の高校の校長を務め、文化講演を依頼されて「日本文化」について話す機会が多い、と記していた。そして、会話の日本語には不自由しないが、漢字を思い出せないので『漢和大辞典』と日本の現代文学の代表作を四、五点、その他当時の日本の実情を知るのに都合のよい資料などを送って頂けたら有難い、と綴っていたという。

教え子は辞書と『細雪』、その他の文学作品、年鑑類を送った。しかしながら、荷物が届いたという知らせはなく不思議に思っていたが、残念なことに既に他界していた、ということであった。それは一九五一年（昭和二十六年）のことであった。ボーナーが一九五一年に死去していたとすれば、通常いわれている没年一九五八年とは異なることになる。推測に過ぎないが、一九五一年にはボーナーは病床に臥していたのではなかろうか。

## 三　本書の特徴とその意義

まず、四国遍路に関する研究書が昭和六年（一九三一）に発行されたことは画期的なことである。その頃には江戸時代から受け継がれた巡拝の案内書や当時出版された案内書が主流であり、それに幾つかの体験記があるに過ぎなかった。とりわけ、遍路の出版物として注目を浴びたのは、大正七年（一九一八）に二十四歳で娘遍路を体験した高群逸枝《たかむれいつえ》女史が、『九州日日新聞』に大正七年六月八日から十二月十六日まで連載した「娘巡礼記」であった。しかし、昭和初期には一冊にまとめられた研究書は皆無であったと言える。

四国遍路の研究は地元の郷土史家などによって明治末期・大正初期から始められてはいたが、単行本として刊行されることはなかった。その成果が刊行され出すのは戦後になって、昭和四十年代以降である。その意味からも本書は四国遍路に関しての国内外で最も早い時期の研究書と言えよう。しかも、その内容は数多くの文献資料を用いて非常に理論的で、かつ遍路体験して観察した実証的な研究であって興味深いものである。それは八十年を経た現在でも決して色あせるものはなく、むしろ現在の研究者に色々な示唆を与えるものと言えよう。しかも現在では失われた大正末期から昭和初期の遍路の習俗を詳しく記述し、貴重である。以下その内容について触れ、ボーナーの四国遍路研究の意義を捉えることにする。

なお、原著では第一章で「弘法大師　精神的創設者」の項が設けられている。そこでは弘法大師の生い立ちから入唐して恵果阿闍梨《けいかあじゃり》から歓迎されて、灌頂《かんじょう》を伝授されたこと、帰国後朝廷に密教の教義を進講したこと、そして全国各地を巡錫《じゅんしゃく》して民衆の救済に力を注いだことについてスペースを大きく割いて詳細に述べている。第二章では「八十八ヶ寺における両部神道」の項で、札所寺院の中の神仏混淆《しんぶつこんこう》であった寺院について詳しく述べている。しかしながら、今回の翻訳ではこれらの項については主題の遍路との関連性が薄いことから削除した。

本書の内容は、第一章において遍路についての理論的な枠組みを論述している。第二章と第四章では著者自らが実際に遍路を体験して観察した部分と実感が綴られている。第三章と第四章は遍路に出かける人びとの動機や遍路の習俗について文献を踏まえ、しかも自らの体験や多くの遍路などからの聴き取り調査に裏付けられた記述である。これらの章・節の立て方は論理的に構成されている。

とりわけ、前半の第一章と第二章は注目される内容になっている。というのは、本書は巡礼や遍路、及び弘法大師に対する理論的な枠組みを緻密に立てて、しかも論理的に展開していることである。それには膨大な量の文献資料を駆使していることである。「補遺」で参考文献を列挙しているが、それは「はしがき」で収集した資料の三分の一に留めた、と無念さを書き記している。そのことから推測すると、著者は多くの参考文献に目を通し、日本語能力も相当な力量があったと言える。「『言海』を抱えてキャンパスを闊歩しておられた。徒然草を読んでおられると聞きました」とか、一時帰国の折に「海南新聞」に候文《そうろうぶん》の挨拶を書いていた（八木亀太郎前掲）。これらのことから、ボーナーは日本人以上に博識であったといっても過言ではなかろう。

それは例えば、江戸時代の案内書、伝説などを貞享期と文化期に出版されたものとを比較していること、しかも新しい案内書の内容には伝説や寺院の建物の記述で省略された部分を見つけていることである。また、新しい案内書は順路が詳しくなり、船賃や宿賃なども記載されるようになった点を指摘している。さらに『仏教大辞典』を読み、近松半二の浄瑠璃『傾城《けいせい》阿波の鳴門』の主人公十郎兵衛や、十返舎一九『東海道中膝栗毛』の弥次郎、喜多八、谷崎潤一郎『蓼喰ふ蟲』の舅・要の遍路にも言及している。その上で、その当時の新聞に掲載された遍路の記事、〈四国猿〉（菅菊太郎のペンネーム）の「四国遍礼同行二人」や〈蟹蜘蛛〉（篠原某のペンネーム）「四国遍路同行二人」（正確な題名は「四国八十八ヶ所同行二人」）にも目を通し、度々引用している。さらに驚くことは、直接に遍路とは関係ない文献をも読んでいる。沖野岩三郎の小説『宿命』は社会主義思想家風の男を主人公にしたものであるが、彼が宿泊した宿での事件で「発田餐粉《はったいこ》」を警察が危険な薬品と思って押収した。しかし、真相は四国遍路（正しくは西国巡礼者）が置き忘れたものであった。その件《くだり》を引用している。

第三章では遍路の装束や持ち物について論じているが、そこでは江戸時代の文献を基に、昭和初期との比較を行っている。また、納札の収集や往来手形にも関心を示している（昭和初期に使われていた納札は巻末に掲載されている）。その他にも土佐藩では間引きの因習があったことなど、日本社会に関する知識が随所に示されている。これらのことから日本語能力の高さと、博学であったことが判明する。

この点に関しては、上智大学名誉教授のポール・リーチ（Pole Reach）がボーナーの研究成果を高く評価している。ポール・リーチによると、外国人で四国遍路を最初に手がけた人物はシカゴ大学のフレデリック・スタール（Frederic Starr 一八五八―一九三三）であるが、スタールは四国をエキゾチックな目で憧れ、自分の足ではなくジャーナリストから提供された車で廻っていた。そして宗教現象には興味を持たず、予備知識もなかったようである。従って、話術の上手い彼は和服を着て遊興気分で各地で講演をして、夜は豪華なもてなしを受けて廻っていたようである。スタールにおいて注目すべきは、後に述べる円明寺《えんみょうじ》の納札を見つけ、一般に広めたことである。

それに対して、ポール・リーチはボーナーの研究を大いに評価し、彼を「細心なまでに正確さを気にかけることではボーナーこそ最高の調査員だからである」として、「彼はいつも地図を手にして、良く歴史を読み、些細な事柄までどれほど信じる価値があるかを調べたことである」と、その研究姿勢を誉め讃えている。そして残念なことにボーナーの研究はドイツ東洋文化研究協会の会報の増刊号、及びドイツ語で書かれたことで一般の人には知られなかったことを惜しんでいる（ポール・リーチ「外人遍路―お四国の三人と私」『日本の美術』第二二六号　昭和六十年三月号福嶋瑞江訳　一九八五年）。

また、「はしがき」で謝辞を述べている第五十番札所繁多寺住職・丹生屋隆道師とは昵懇の仲であった。その弟の東岳師は「ボーネル教授の四国遍路研究」という小論を書いて、その研究成果に期待を寄せている。そしてボーナーは度々繁多寺を訪れ、熱心に参拝者の観察をしていたと記し、これまたボーナーの研究姿勢を讃えている。ある時、山陰地方から来た四十歳余りの女遍路が、裸足で石段上から本堂の正面にお百度参りをしているのを時間を忘れて観察していた。そして、一〇八遍の礼拝を終わるまで随喜してこれを敬服していた、と言う（「新興」十一巻二号一九二八年、この時点では同書は刊行されていなかった）。

ボーナーは四国遍路の研究を文献資料を駆使しての理論的枠組みを構築した上で、著者が自ら遍路体験を行っている。それによって道中の道標についてや寺院の伽藍、仁王門、本堂、塔などの建築物についても鋭い観察を行っている。綿密な理論的枠組を基礎に、研究に一層の迫力を添えたのは遍路体験であった。それによって四国遍路での道中における苦労、自然景観のすばらしさ、そして地域住民の対応をつぶさに捉えている。特に土佐（高知）の人びとは遍路に対して冷淡で、「鬼国」と呼ばれてきたが、当時もその名残があった。それに対して、伊予（愛媛）の人びとは柔らかい言葉使いで、善根宿《ぜんごんやど》を提供し遍路を温かくもてなしてくれたことなどを的確に観察している。

納経帳を書く人の仕草もきめ細かく綴っている。そして宿で一緒に泊まった「職業遍路」から「修行」の方法・技術などを聴き取りしている。「木賃宿」に泊まった時の状況も詳しく記述し、興味深いものである。木賃宿の食事は粗食であって、「せんべい蒲団」の不潔さと身の丈に合わない短さ、はたまた蚤、虱の害虫に悩まされたことを綴っている。

本文の最後には、小林正盛（雨峰師）が明治四十年に遍路体験して大正十年に書き著した『四国霊場』で締めくくっている。小林師は若き時に様々な悩みを抱え、その打開に遍路に出かけている。そして、遍路体験によって生きるきっかけをつかみ、その後は大正大学の教授にもなった人である。ボーナーは四国遍路が他の地域の巡礼と異なることを浮き立たせるのに好例として引用したものであろう。

今一つ注目されることとは、「補足」として当時の写真を数多く掲載していることである。カメラはドイツ人の友人からの提供であるが、当時カメラ撮影は極めて珍しく、ヨーロッパの大国で技術立国であったドイツの人なれば所有できた機材であろう。写真撮影によって当時の寺院の建築物の情況や田園風景、村びとの暮らし、そして寺院の軒の下で寝ころんで休息する遍路、不自由な足を引きずり松葉杖をついて廻るハンセン病の遍路など、その当時の遍路の状況が視覚を通じて捉えられる。

本書は研究の両輪である理論と実証との二つを兼ね備えた極めて質の高い研究である。その結果、現在でも大いに評価できる内容で、昭和初期に日本人でさえなしえなかった研究を外国人が行ったことは驚嘆すると共に、特筆すべきことである。今少し、具体的に詳しく本書の内容を説明することにしよう。

## 四　弘法大師について

弘法大師を四国遍路の創始者とすることは史実としては不可能であるが、遍路には弘法大師の影響が絶大であると捉え、著者は弘法大師を「精神的創設者」と位置づけている。弘法大師が八十八ヶ所の創設に関わったとされる史実は少ないが、「四国八十八ヶ所霊場　遍礼　同行二人」といい、遍路たちが大師と共に遍路をしていると意識することや、金剛杖が大師の身代わりとも捉えられるほど、遍路と大師との関連が深い。

そして、著者、ボーナーは弘法大師の偉大さやその特徴を自然崇拝、山岳信仰との関連で捉えていることである。その一つは大師が中国から帰朝して宮廷に呼ばれ、進講したり、数々の僧階を授与されるなど栄誉ある生活を保障されていた。しかし、大師はそれに安住することを好まなかった。むしろ各地を巡錫して民衆を救済することを望んだ。それは中国で学んだ教義や他の学問の理論を山野で修行を重ね磨き、その力を民に施すことであった。

ボーナーは宗叡《しゅうえい》(八〇九―八八四)という高僧と弘法大師とを対比する興味深い発想をしている。宗叡は一般にはあまり知られていないが、円珍《えんちん》に密教を学び、実慧に阿闍梨位灌頂を伝授した人物で、東寺(教王護国寺)の長者にもなった高僧である。宗叡は宮廷との関係が深かったのか「都市仏教」にこだわった。それに対して、弘法大師は山岳仏教に真実を見つけようとした。そのことは雨乞いや満濃池《まんのういけ》の修築であり、はたまた各地に残る弘法大師伝説としての「弘法清水」「弘法井戸」でもある。満濃池の修築には水圧を分散させるアーチ式ダムの方式を取り入れている。「弘法清水」「弘法井戸」は大師が錫杖を突き刺すときれいな水が湧き出たというものであるが、水脈や地質学の知識を知って、それを応用したものであろう。

大師のこのような偉業の前に、二人の先駆者があったことをボーナーは言及している。その先駆者とは行基《ぎょうき》と役小角《えんのおづぬ》であった。そこで行基と役小角の生い立ちとその活動を紹介している。行基の功績は各地を行脚《あんぎゃ》して道を造り、橋を架け、寺院を建立し仏像を彫ったことである。そして神道と仏教の統合、すなわち両部神道は行基に源を発していると捉えている。修験道の祖でもある役小角も山岳で苦修練行して験力を高めた。山の神は蔵王権現《ざおうごんげん》として崇められた。蔵王権現は釈迦牟尼如来の化身としてインド、中国にも存在しないとされる。行基と役小角は四国各地を行脚したということが数多く伝わっている。

四国札所の寺院や仏像には行基、役小角によるとされるものが幾つか残されている。この二人の先駆者をさらに発展させたのが大師と捉えた。その後、修験道の秘儀を真言宗の教義と類似しているということで統合したのが聖宝《しょうぼう》僧正、後の理源《りげん》大師である。これらの一連の経緯を著者は詳しく論じている。

なお、このような見解は戦後に入って研究者によって断片的に述べられてきたが、昭和初期では評価されることはなかったのではないだろうか。近年、空海の業績の視点を行基、役小角との関係で評価した著作が発表されている。河原宏『空海　民衆と共に―信仰と労働・技術―』(人文書院　二〇〇四年)によると、空海は民衆の救済を信仰だけではなく、民衆が具体的に何を求めたのか、その要望に応じて橋を架けたり、水利を確保したりと技術を活用したことにあると、指摘している。その視線は空海以前の行基、役小角に源をもっているものである、と述べている。

ところで、キリスト教文化をもつ著者には東洋の宗教は不可解であったに違いないが、逆に新鮮に映ったとも思われる。しかも日本の宗教は神道と仏教との二つが習合している複合性をもっていたので、一層奇怪に思えたのであろう。しかしながら、著者は複雑に絡み合ったシンクレティズムが日本の宗教の特徴と受けとめて、むしろ関心を示したようである。そして仏教でもとりわけ密教は山岳仏教として特異性をもち、それが修験道と関わることにも注目した。そして修験道の作法が遍路にも関わっている点にも触れている。

ボーナーはこのような日本の宗教の理解が、日本人の生活を捉えるのに重要であることに気付いていた。神道と仏教との関係は「本地垂迹《ほんじすいじゃく》説」と説明され、神道の神は仏教の仏の化身とされた。従って、両者は密接な関係で結びつけられ、互いに崇拝の対象とされ、決して異質な宗教ではない、と説明している。事実、日本人は生活の中で神仏習合を当然の如く受け入れてきた。現在でも我が国では多くの家庭には仏壇と共に神棚を祀っている。はたまた、正月には初詣で神社に、お盆、彼岸には墓参りで寺院に出かける。その風習に何らの違和感をも覚えない。

　そのような神仏習合のシンクレティズムが明治維新の廃仏毀釈で四国霊場に大きな打撃を与え、混乱をもたらした。著者がその事態にも触れていることは、四国霊場の歴史を捉えるに当たっては重要なことである。

## 五　遍路について

　四国遍路についても著者は文献を駆使して詳しい論を展開している。その第一は、遍路の創始者は弘法大師であるとする一般に流布する説に対して、それは史実としての確証がないことを指摘している。確かに大師が四国の札所寺院と関わりあった所は三ヶ寺（太龍寺《たいりゅうじ》、最御崎寺《ほつみさきじ》、善通寺）ある。それ以外、特に伊予（愛媛県）には大師が滞在したという資料が存在しないので、八十八ヶ所の遍路を創設したとは言い切れない、と述べている。そして、四国遍路の起源として考えられる説として三つを挙げているが、史実としては確かめようがないことから結論を避けている。

　同様に何故八十八ヶ所の寺院であるのか、という数字についても言い伝えを挙げている。例えば、仏教の煩悩を意味する説や、「米」の文字を分解して八十八とし、日本人の食糧としての米の重要性で「五穀豊穣」を願う気持ち、という説である。さらに厄年《やくどし》の合計の数字とする説などである。しかし、どの説が有力であるかは断定していない。

ただ、八十八の数字が使われた最も早い資料として二つ挙げていることに驚きを覚える。その資料の一つは、『宇和旧記』に書かれた稲荷大明神（第四十一番札所・龍光寺）の一節に「四国八十八ヶ所の内の一ヶ所」と記されている点を挙げていることである。今一つは高知県土佐郡本川村越裏門《えりもん》の地蔵堂に懸けられていた鰐口《わにぐち》に刻印された銘文に文明三年（一四七一）と八十八が刻まれている、ということを挙げている。前者の『宇和旧記』の記述は粗略な記述であって注目されなかったようである。それに対して、後者の鰐口に関しては注目されつつも、疑問が残されていた。

その問題とは、年号が「文明」かそれとも「天明」であるかという点と、その後鰐口が戦争の混乱で紛失したことで疑問視されてきた。近年、鰐口そのものが再発見されたことで一定の見解が定着しつつある。鰐口の裏面の外淵には「大旦那村所八十八ヶ所文明三天　右志願者□三月一日」とある。それは専門家の鑑定では文明年間のものであることが判明した。そこに彫られている「村所八十八ヵ所」は四国全土に拡がる八十八ヶ所ではなく、「村所《むらところ》」と呼ばれる一定の地域に設けられた八十八ヶ所であるという点である。村所八十八ヶ所が存在したことは、既に四国全土に展開される八十八ヶ所ができあがっていたということになる。

次に、著者は遍路が参拝の時に納める納札について、最も古いものとして円明寺に納められた慶安三年（一六五〇）の銅製の札を紹介している。これは史料として貴重なもので、史実に基づく研究にとっては大切なことである。この納札はアメリカ人で御札博士と呼ばれたシカゴ大学のフレデリック・スタール教授が、大正十年に本堂の阿弥陀仏の厨子に打ち付けられていたものを発見した。その後、それは四国遍路では最も古い納札として注目を浴びることになったのである。

ただし、スタールが札を発見する以前に同寺住職の小笠原秀定師や、同師から連絡を受けた景浦直孝氏はその存在を知っていた。景浦氏はそれを小論で発表している（談叢「四國遍路」『歴史地理』第二十四巻第一号、大正三年。「圓明寺と四國遍路」『伊豫史談』第三巻第二号、大正六年）。

著者は第一章第二節で「遍路」の名称について論を展開している。ここで多少の説明を加えておくことにする。まず、ボーナーの見解を今一度整理

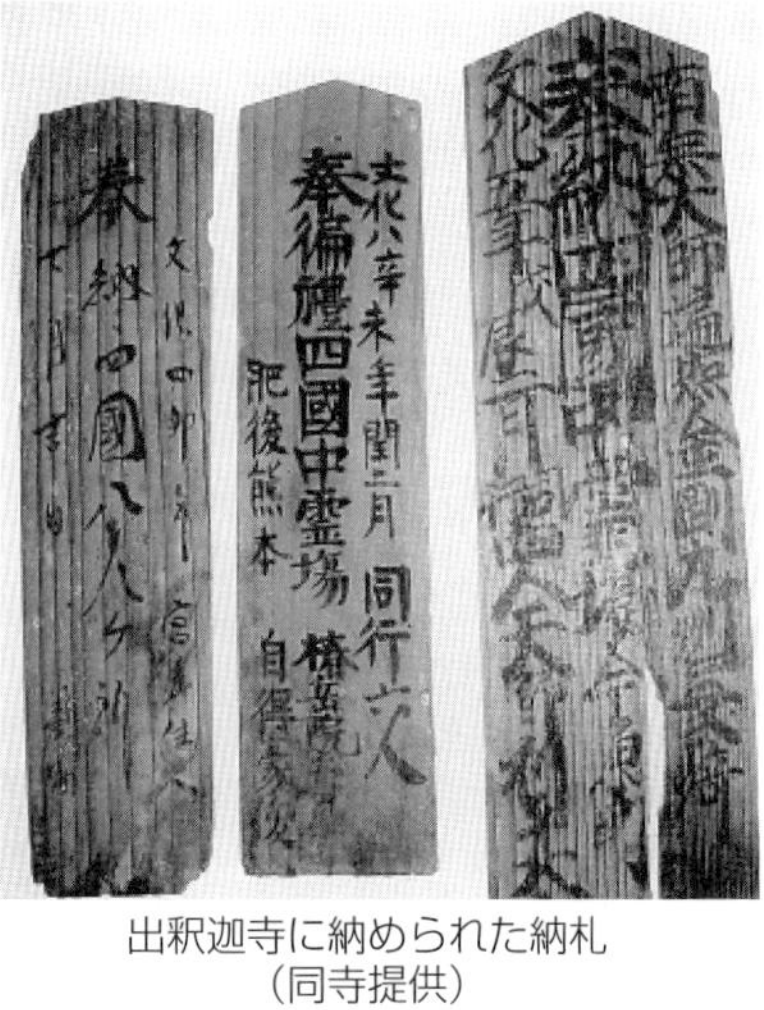

出釈迦寺に納められた納札
（同寺提供）

「へんど」と書かれた道標
（喜代吉栄徳氏提供）

すると、最も古い文献では「偏礼」と書かれ、「へんろ」という振り仮名が添えられている、と述べている。そして様々な文献では「へんど」や「邊土」「邊地」、さらには「邊路」「遍路」などの文字が使われている、と述べる。その上で「喜田博士は、間違った表現として受けとめたのではないかと言われている」としている。そして、結論としてボーナーは薫陶を受けた景浦直孝教授の見解に従い、「邊土」を「遍路」とするのは不可能であろう。古い時代の「邊路」「偏礼」は後に「遍路」に置き換えられた、と説明している。

「ヘンロ」の語源に関しては当時において論議があった。それは文献研究と現地の人びとの呼称との解釈において見解が分かれていた。本文中に出てくる喜田貞吉博士（一八七一―一九三九）は当時、四国では「へんど」と呼び慣わされていたことを重視し、それが後に「遍路」になったという見解であった。

景浦と喜田の論争の中にあって、ボーナーは景浦教授に強い影響を受けていたので同教授の見解を採用したものであろう。但し当時、「おへんど」という呼び方は四国各地でよく使われていた。「へんど道」という道標も残されている。

なお、遍路という漢字は既に見てきたように、新しい表現であって、それ以前には「邊路」「偏礼」

「邉 路」と書かれた納札
（太山寺蔵）※

「偏路」などが用いられている。但し、「偏礼」の使い方は寂本の発想であり、その影響を受けた真念や細田周英などが使ったものである。その他にも「遍路」（澄禅『四国遍路日記』や太山寺、出釈迦寺に納められた納札）という表現もある。

ところで、ボーナーは四国霊場を「曼荼羅」に譬える説を述べている。この曼荼羅説とは、遍路の出発点である徳島を「発心《ほっしん》の道場」として、高知を「修行の道場」、愛媛を「菩提《ぼだい》の道場」、最後の香川を「涅槃の道場」とするものである。四国霊場を菩薩の修行位階に倣《なら》うのは現在では一般的になっているが、その説は江戸時代の寂本、真念の著作にはなく、戦前の案内書などにも見られなかった。それは戦後になって普及したものとされ、その最初は西端さかえ『四国八十八札所遍路記』（昭和三十九年）でそのことが触れられている。その後、四国八十八ヶ所札所会も昭和四十九年の「弘法大師伝」で追認するようになる（星野英紀『四国遍路の宗教学的研究―その構造と近現代的展望―』二〇〇一年）。管見によると、戦後に四国霊場を修行の位階に倣った記述の最初は、昭和三十一年に岩波書店から出版された写真文庫『四国遍路』と思われる。

四国霊場を曼荼羅に譬えた見解を昭和初期にボーナーが指摘したことは注目される。そもそも、四国霊場を胎蔵界曼荼羅に譬える見解は江戸時代にあったと考えられる。四国遍路の最初の地図は宝暦十三年（一七六三）細田周英によって刊行されるが、その中央に高野山の寺務を務めた弘範の文が次のように載せられている。

夫レ四国偏礼ノ密意ヲ云ハ、、四国ハ大悲胎蔵ノ四重円壇ニ擬シ、数多ノ仏閣ハ十界皆成ノ曼荼羅ヲ示ス、所謂四重ノ曼荼羅ハ、十界其身平等ニ各々八葉開敷ノ蓮台ニ坐シ、光明常ニ法界ヲ照ス、本ヨリ不生ノ仏ナレハ、十界皆成ノ曼荼羅ト名ツク、（中略）今徧礼ノ功徳ニ依テ、合蓮開ケテ、仏光現シ、再ビ八葉ノ花台ニ坐シ、無明ノ闇晴テ本仏ヲ覚ル、本修並ベ示スカ故ニ、更ラニ八箇ノ仏閣ヲ加ヘ八十八ト定メ給フ、（後略）

これは四国霊場を胎蔵界曼荼羅に譬えると共に、八十八ヶ所の根拠を述べている。ボーナー自身がこの説を考案したとは考えにくく、景浦教授による教示があったものと推測される。著者自身も遍路体験で阿波の最後の札所・薬王寺に登って、「眼下に綺麗な町や港町を見た時、遍路には発菩提心《ほつぼだいしん》、敬虔な心の目覚めが起こってくる」と語っている。そして、土佐の修行の道場では幾多の試練を嫌というほど味わい、最後の大窪寺では、「遍路は確かに涅槃へと赴く」と綴っている。

しかし、ボーナーは信仰を中心とした曼荼羅説にこだわったのではなく、科学的に捉えている点も見逃せない。すなわち、地元四国の人は近くの札所から遍路を始めることや、九州から訪れた遍路は第四十一番札所・龍光寺あるいは第五十二番札所・太山寺から始めていること、また二、三の札所を抜いても良いし、「逆打ち」の習慣にも触れている。

## 六　遍路の習俗について

ボーナーは遍路の習俗についても詳しく触れ、その論述は歴史的な文献を基礎に正確に述べられている。例えば、遍路が被る菅笠《すげがさ》に書かれている「迷故三界城　悟故十方空　本来無東西　何処有南北」は真言宗で用いられる四句の偈《げ》である。これは『小叢林清規《しょうそうりんしんぎ》』の中にある文句で、葬式で導師が棺天蓋や骨壺に書くものである。遍路は死を覚悟しての旅でもあったので、そのように書かれたものである。さらに笠には㋐㋣㋑㋚と印されていることや、㋣が少ないことを述べている。それは阿波、土佐、伊予、讃岐の出身地を表している。この出身地の標示は四国地方の人びとだけのものであまり知られてはいないが、そこに著者の細かい観察を垣間見ることができる。

金剛杖についても杖の材質やその形の造りを述べ、「地、水、火、風、空」の五つの要素を表現していると指摘している。菅笠や手甲《てっこう》、脚絆《きゃはん》などはヨーロッパ人には馴染みがないものであったに違いないが、その被《かぶ》り方や着装の方法を詳しく述べている。遍路の履き物もかつては草鞋《わらじ》が主流であった。それは札所の仁王門の前に飾られている。しかし、時代と共に変化が現れ、昭和初期には「千里足袋《せんりたび》」（ゴム底の地下足袋と思われる）が出始め、遍路の履き物にも利用された。草鞋は履きやすいが消耗が激しく、二、三日で取り替えなければならなかった。そこで、常に予備の草鞋を持ち歩いていた。「千里足袋」は丈夫であったので一足で一巡に耐《た》えられたようである。

ところが、「千里足袋」は登り降りには滑《すべ》りやすいという難点があった、ということを著者は体験者から聴き取りしている。

納札についての著者の観察も鋭い。四国遍路の納める木札は長方形の形をとっているが、観音巡礼では山形の造りをして、それは関東地方で好まれていると述べている。西国、坂東、秩父巡礼の納札は古い時代から数多く残されている。その形は札の上部が山形になっている。その中には豪華な札も残され、縦四、五〇センチ、幅一〇センチ、厚みが二、三センチといった木札もある。さらに絵図を装飾した札もある。それに対して、四国遍路では円明寺の慶安三年の銅板の札を除くと、ほとんどが長方形である。札の大きさは縦約一〇センチ、幅約五センチ、厚みも薄いものである。

観音巡礼の納札と四国遍路の納札の違いは、巡拝する人びとの階層によるものと考えられる。江戸時代の西国巡礼には武士階級や富裕な農民、商人の階層が多かった。西国巡礼をするには三、四十日の日数と遠隔地からの往来の日数が加わる。旅籠に泊まり、名所旧跡、芝居見物をすると多額な費用が必要であった。いわば富裕層が西国巡礼を行っていた。そこで、巡拝の記念として豪華な札を奉納するケースも少なくない。

ところが、四国遍路に出かける人びとは、大多数が貧民であり、病人や国元を追われた人たちであった。そこには納札、納経をしない人びとも多くあり、かつその札は質素であった。しかも八十八ヶ所とそれ以外に接待を受けた人への返礼として納札を渡したので、枚数も多くなった。

西国第26番·一乗寺の天井に打ち付けられた納札※

そこで持ち運びに便利なように薄く、軽い小型の納札が適していた。

　納札は木札が主流であったが、その後携帯に便利な紙札に変化する。著者は札を貼り付けるのに長い竹製の竿をもって糊《のり》と刷毛《はけ》を持参する人を見つけている。手の届かない所に納札を貼ると、それは長い期間残ることになる。そこでわざわざ伸縮する竿をもって歩く人もあった。なお、西国第二十六番札所・一乗寺の本堂の高い天井には一面に夥《おびただ》しい数の納札が打ち付けられている。果たしてその高い天井にどのような方法で打ち付けたのか、それは謎でもある。

　紙札の色についての記述もある。四国遍路では札の色は回数毎に区別している。そこには八十八ヶ所を一巡した後に、再び二回、三回と廻る人が多いことを物語っている。但し、札の色の区別は時代によって変遷があった（拙稿『遍路と巡礼の社会学』『遍路と巡礼の民俗』）。

　ボーナーは御詠歌についても触れて、西国霊場の御詠歌は西国霊場の影響であると指摘する。それは正鵠《せいこく》を射たものである。その上で、西国霊場の御詠歌は詩的価値が高いものであると言っている。西国霊場の創設期に巡礼した三井寺の覚忠僧正が詠んだ次の歌は『千載集』（文治三年・

一一八七年）に載せられている。

世を照らす仏のしるしありければ　未だ灯も消えぬなりけり
見るまゝに涙ぞ落ちる限りなし　命に替える姿と思へば

御詠歌の奉納額（西国第33番・華厳寺蔵）

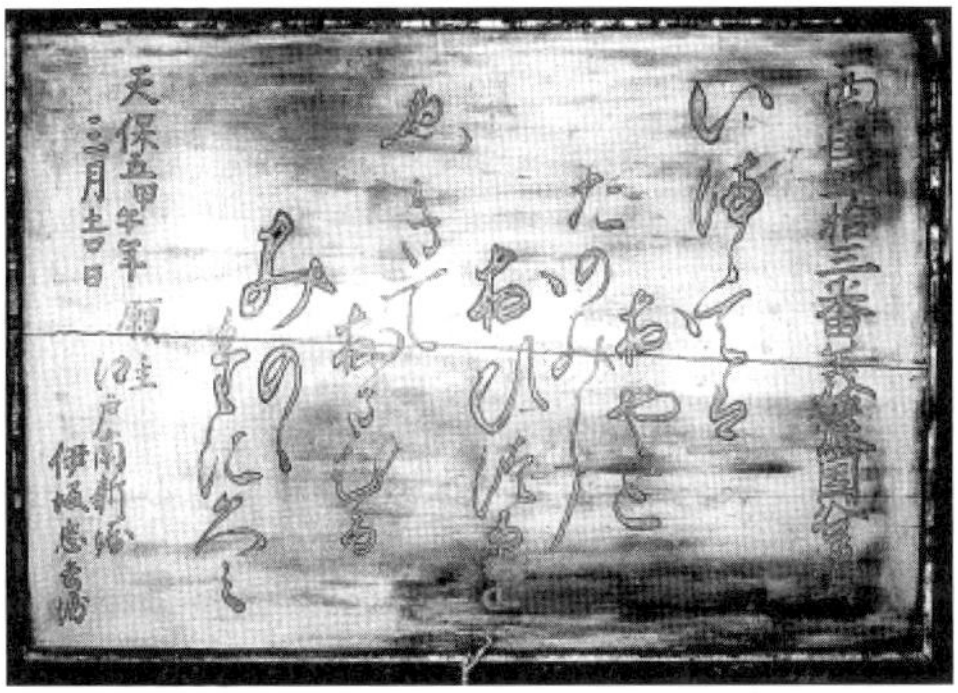

それに対して、四国霊場の御詠歌は俗的な歌が多いとして、西国札所第二十七番・円教寺の格調高い御詠歌と、四国霊場第五十二番・太山寺の平凡な御詠歌を比較している。四国霊場の御詠歌の拙さは以前から指摘され、例えば曳尾子（寂本の別名）の『四国徧礼手鑑』や十返舎一九『金草鞋』第十四編で述べられている（拙稿『遍路と巡礼の民俗』）。ボーナーの御詠歌に関する一節は、〈蟹蜘蛛〉が『愛媛新報』（大正十五年九月十一日付け）の「四国八十八ヶ所同行二人」で述べたものを引用したものである。

四国霊場の御詠歌は詠み人が分からず、遍路をしていた人の作が多いという説もあり、そこには質的低さが避けられない。そしてボーナー自身四国遍路では御詠歌を唱えているのを聞くことは珍しいとも述べている。その理由は、弘法大師の宝号や真言を唱えることに力点を置いていたからと考えられる。曳尾子は「それをいはん口にて本尊の御名両三反となへん事はるかに功徳まさるへし」と述べていることからも判明する（曳尾子『四国偏礼手鑑』）。

それ以外の遍路の習俗としては、頭陀袋《ずだぶくろ》あるいは三衣袋、行李《こうり》にも触れている。頭陀袋は虚無僧が使っていたが、遍路では僧侶だけが用いている。一般の遍路は三衣袋であった。三衣袋とは三衣（大衣、七条、五条の袈裟）を入れる袋である。その読みは元来は「さんえ」であったが、それが「さんね」と発音され、さらに訛《なま》って「さんや」と変化した（浅井證善『へんろ功徳記と巡拝習俗』二〇〇四年）。当時は旅行用の鞄として柳行李が流行し、それが遍路でも利用されていた。

さらに、著者は「胡麻酢《ごまず》」にも触れていることには驚きを覚える。胡麻酢とは酒のことである。信仰、修行としての遍路は禁欲となるので、飲酒は避けるものとされていた。ところが、遍路の中には飲酒する人もあって、そこで酒の隠語として胡麻酢と呼ばれた。江戸時代の文化二年に遍路をした土佐の西本兼太郎《かねたろう》は、巡拝記『四國中道筋日記』を残している。その中に「門札有京屋申酒屋ニてごます買う弐合五勺三十六文」と記されている（四國遍路研究会『【資料集】四國中道筋日記』二〇〇三年）。ボーナーは本文中にも接待などとして「御酒一杯、これ許す」と引用し、若干の飲酒に寛大な側面も記している。

遍路仲間との付き合いに関しても触れている。特に遍路体験があることを言いふらす人には注意するように警告している。それは秘密の呪法などと騙《かた》って金銭を強要するからである。同様に、自身の詳しい住所を持ち物などに書かないようにとも忠告している。当時、職業遍路や遍路を装った詐欺行為が横行していたことを物語っている。大正十五年十月十五日の『愛媛新報』には「遍路を装ふ三人が金銭を詐取」と題して次のように述べている。

自称栃木県宇都宮市本町三丁目呉服卸商尾崎勝（七五）金沢市本町二丁目松本文吉（七五）宇都宮市伝万町十一丁目横堀三之助（六〇）の三名は本月二日宇摩郡上山村大字杉谷鈴木蔵右衛門方に来て自分等は四国巡拝の為め三角寺へ来たが道に迷ふて困ってゐるとて宿を乞ひ勝は蔵右衛門方で他の二名は同村鈴木蔵太郎方へ宿泊した、処が勝は蔵右衛門の好人物につけ込み自分は郷里で呉服の卸商をしてゐるので呉服類原価で送るからと仙台平地《せんだいひら》一反の申し込みと手付けとして八円を騙取《へんしゅ》し更に万病に効ある外国製の妙薬を持ってゐると欺き水のようなものを渡して金二十円を騙取した上に床の間に掛けてあった軸物を自分のと交換してやるとて騙取逃走した、三人は翌三日同郡豊岡村に来て同村村上タケ方に宿泊し同様巧言を弄して金七円を騙取逃走した、彼等は同様の手段で各地を荒らしゐる模様であるから一般に注意すべきある。

また、十月二十六日付けでは「小舟を盗んだ遍路姿の男溺死」という見出しで、四十歳くらいのこの男は前日の夜に間口藤吉方に来て舟を貸せと乞うたが、断わられた。ところが、夜更けに小舟を盗んで高知県に渡ろうとしたが、小舟であったので風波で転覆し溺死したらしい、と述べられている。

現代社会でも宗教を装う事件が問題になっている。霊感商法による詐欺事件が最たるものである。宗教という名を語って不正な行為をするのは昔も今も後を絶たない。

## 七　遍路体験の実感

著者は自ら遍路を体験したことによって、観察力を高めると同時に率直な感想を綴っている。遍路を始めた頃は「遍路は全く愉快であろうが」としながら、楽しみだけでは遍路は続けられない、と述べている。それは粗食で粗悪な安宿に泊まり、害虫に悩まされるからである。その苦労を「修行の道場」である土佐（高知）で味わっている。土佐は遍路に厳しかったので「鬼国」と呼ばれていた。その土佐の記述は四国四県の全体の半分に当たる約四頁のスペースを割いている。その一つは、遍路行程の三分の一が土佐の道であり、しかも悪路であったことである。「飛び石、刎《は》ね石、ごろごろ石」と呼ばれる危険な所や、「八坂八浜」として延々と続く人気のない浜辺などである。特に、室戸岬の先端にある第二十四番札所・最御崎寺《ほつみさきじ》までの約八〇キロの道程や、足摺岬《ずりみさき》の絶壁などと幾重の苦難とがあり、それに耐え抜く必要があった。

二つ目は遍路に対する住民の冷淡な対応であった。江戸時代の土佐藩は遍路に厳しい施策をとってきた。その理由は、冬の期間に遍路は寒さを避けるために暖かい土佐に集まってきた。遍路には金銭を持たない乞食遍路や職業遍路も多く含まれていた。そこで藩は治安、風紀上から遍路を厳しく取り締まり、出入口を阿波からは「甲ノ浦口《かんのうら》」と、伊予からは「宿毛口《すくも》」とに制限していた。そして、滞在日数の長い遍路を見つけたら庄屋は届け出るように通達を出している。天保八年には、「若納経無之者ハ乞食ニ紛敷ニ付速ニ追返可申事」という覚が出されている（広江清編『近世土佐遍路資料』）。また、土佐藩は入国する遍路に厳しいと同時に、自国から遍路に出る人を規制し、一村より総代一名としていた。土佐藩の遍路に対する厳しい対応が領民にも徹底していた。

そのような土佐の人びとの遍路に対する風習は、大正末期から昭和初期の時代にも名残としてあった。そのため「まっぴら」「つかえている」と判を押したような返事で、夏の時期には蚕を飼うのに忙しいといって宿を断わられるなど、苦しい思い出を記している。まさしく「土佐は鬼国　宿がない」と言える状況であった。遍路に厳しい土佐には「喰わず芋」「喰わず貝」など村びとが弘法大師に意地悪したことの大師伝説が残されているが、それは遍路への冷淡な対応への戒めであろう、と指摘している。

そのような遍路に冷淡な土佐を離れる時に、「土佐に背を向け、衣服を引き上げ、それから鬼国に対して悪臭芬芬《ふんぷん》たる記念物を残した。……土佐を背にする度に、それまでの苦労が軽減されて一安心する」と安堵している。多分、ボーナーは土佐での遍路体験には相当な苦労を味わったものと思われ、その鬱積を晴らしたかったのかもしれない。

それに対して、隣の伊予（愛媛）は自然も穏やかな入り江が広がって素晴らしく美しい自然公園と讃えている。そして、人びとも遍路を温かく迎えてくれた。その一つに人びとの性格は快活で、言葉使いがよかった。美しい調べにも似たような色合いをもって住民は話してくれ、「なもし」（そうでないでしょうか、そうでしょう）という独特な方言も心地よい響きとして受けとめられている。二つ目は、遍路は住民に呼び止められて宿泊を懇願される。それは「善根宿《ぜんごんやど》」の接待であり、伊予の人びとの情け深さを物語っている。

著者自身が経験した今一つは「接待」である。当初は不慣れと肉体的苦痛で接待を断わっていた。しかし、この接待が四国遍路で盛んに行われていることに驚いている。それをキリスト教の慈善事業と結び付けているのは、ヨーロッパ人ならではの発想と言える。しかし、ボーナーは四国遍路における接待は『仏教大辞典』で説明されている概念を超えている、と述べている。そこには単なる慈善事業ではなく、宗教的意味が含まれていることに気付いたのであろう。

なお、前田卓関西大学名誉教授は『巡礼の社会学』（一九七一年）で接待の意義として次の五つを挙げている。

①　苦行する遍路への同情心
②　善根を積み功徳を得たいという大師信仰
③　先祖の供養のため
④　身代わり巡拝を頼む気持ち

## ⑤　接待返し

そこには、単なる憐れみや慈善事業の行為ではなく、宗教的な信仰の要素が強く含まれている。とりわけ、功徳を積むという側面である。これと同じ原理がヨーロッパ社会にもあった。それはドイツの生んだ偉大な社会学者マックス・ウェーバー（Max Weber）の代表作『プロテスタティズムの倫理と資本主義の精神』（一九〇五年）に展開されている。キリスト教の中でも宗教改革後に生まれて新教と呼ばれるプロテスタントは、来世における救済を願い、現世における世俗内禁欲に励み、勤勉で質素、倹約して現世における「職業」に全力を注いだ。職業への傾注が来世の救済の証しと捉えたのである。その結果、現世においては富が蓄積され、来世においては救済されることにつながった。このようなプロテスタントの教えが近代西ヨーロッパの資本主義に影響を与えた。遍路における接待する側の意図と、プロテスタントの現世の生き方とには互いに共通する信仰を見受けることができよう。

文献では知ることができないことを遍路体験で味わった。それが研究には欠かせない要素でもある。その一つに、当時横行していた「職業遍路」である。まず、第三章第一節の終わりで「職業的に旅をする階層」と述べ、第四章第五節では「常習者」という用語に置き換えて詳しい記述が出てくる。それによると、二十二年間遍路を続け、途中で妻となる女性に出会い子供も生まれた三十七歳の男性を紹介している。最初は同じ部屋に泊まることになったのでこの男は機嫌が悪く、小言をぶつぶつささやいていた。しかし、やがて仲良くなって職業遍路の実情を聞くことができた。家の前に立って布施を乞う「門付け」は、最初は誰もが物怖《ものお》じするが、徐々にそれを克服していく。布施を得るには漫然と行うのではなく、輪っかの付いた杖、庇《ひさし》の深い笠、沢山の珠《たま》の付いた数珠などを身につけることであった。そして長年の経験から得た知識で年老いた人や若い既婚の婦人は必ずしも布施をしてくれるとは限らないが、十一、二歳の少女が最も慈善的に気前がよいこと、一向宗（浄土真宗）や禅宗は「駄目」などのコツを習得していた。

ところで、四国遍路と西国巡礼との違いには幾つかの点が挙げられるが（拙稿『遍路と巡礼の民俗』）、その中に「接待」の多さと宿泊施設の点が挙げられる。そこには遍路をする人びとには貧しい人や病人（著者はハンセン病の遍路に出会っている）、国元を追われた人などがあったことも一因している。接待の多さを示すために〈四国猿〉（菅菊太郎）の記述から引用した一覧を掲げている。ここでは宿について触れることにする。

ボーナーは寺院や旅館、教え子の家に泊まっている。しかし、遍路の宿泊は寺院や道中にあるお堂などの通夜堂と木賃宿が主流であった。ボーナーもある時に木賃宿に泊まったが、その記述は興味深い。旅館は食事（二食）と宿泊がセットになっているが（片旅籠は食事が一食）、それに対して木賃宿とは遍路が接待や「修行」で得た米や麦粉を持参し、それを宿が調理してくれるものである。調理代（薪代《まきだい》）からその名前が由来する。主食以外は宿のサービスであるが、一般には沢庵二、三切れで、梅干し、茄子、胡瓜の野菜と汁物が付けられることもある。稀に酢のラッキョウや麩の入った汁が出され、遍路にとっては珍味となる。ボーナーはそれを体験したのであろう。炊いてもらった残りの飯は翌朝あるいは昼食用として各自が所持する。木賃宿の食事は粗末そのものであった。

木賃宿の風呂は汗と埃《ほこり》にまみれた遍路が入浴すると、湯が汚れるのはいたしかたない。それ以上に不評なのは寝具であった。寝具は俗に「せんべい蒲団」と呼ばれ、一年中敷きっぱなしで汗の臭いと垢《あか》がこびりつき、固くて不衛生であった。しかも蒲団の丈が短く、足を覆えず寒かった。さらに寝具には蚤《のみ》、虱《しらみ》、ダニが付着して遍路の睡眠を妨げることであった。これを〈四国猿〉は木賃宿の「接待」と表現したことや、大阪から来た商人は「誰も蚤で死んだ人はいない」など遍路仲間から聞いた話をユーモラスに綴っている。

ボーナーはその話をさらに敷衍して、遍路が病気にならないのは蚤、虱などにかまれて免疫を強めていると捉えている。それは兵士が野戦で蚊に刺されて免疫をつけることと同じ原理である、と述べている。そして、遍路が一般の旅館で断わられる理由に気付く。つまり木賃宿で泊まった遍路は蚤、虱を身体に付けて移動するので、旅館がそれを嫌がり、遍路を泊めた旅館は一般客が敬遠するからであった。

なお、木賃宿以外に貧しい遍路は寺院や道中のお堂で一夜を明かす習慣があった。そこは接待でもらった米や野菜を自炊して過ごす「通夜堂」と呼ばれる施設であった。それは昭和四十年代半ば頃まで各地にあったが、風紀、治安の問題で消えることになった(拙稿『遍路と巡礼の民俗』)。ボーナーはその体験をしなかったのか、その記述は見られず、心残りでもある。さらに、遍路は

通夜堂※

宿泊場所が見つからない場合は野宿することも珍しくなかった。大正時代に伊藤老人と娘遍路を体験した高群逸枝女史も老人が「修行」の「門付け」を行い、幾度も野宿をしている（高群逸枝『娘巡礼記』二〇〇四年復刻）。

　今も昔も遍路の悩みは宿泊と食事、そして排泄であった。著者は排泄の便所については触れていないが、その当時においては「くみ取り式」便所であった。多くの遍路が泊まる木賃宿では屎尿《しにょう》が溢れ、蝿や蛆《うじ》が湧いて不衛生である。放浪俳人種田山《たねださん》頭火《とうか》も、「安宿で困るのは、便所のきたなさ、食器のきたなさ、夜具のきたなさ、虱《ムシ》のきたなさ、等々であろう」と記している（種田山頭火『四国遍路日記』）。遍路はこれらの粗食、不衛生などの試練を乗り越えての長旅でもあった。

　遍路の心構えとして、身を慎んで禁酒、精進することが求められる。その反面教師として、ある文献から引用した富豪の住友吉左衛門の話も興味深く触れている。住友銀行を始め多くの事業を手がけ、別子銅山の経営者でもあった住友吉左衛門は使用人や随行者を大勢従えて大名行列並の遍路を行った。それは輿《こし》に乗って、随行者が納経などの手続きなどを全て行い、本人自身は地面に足を踏みつけることもなかった。一行は各地でもてなしを受けた。大阪に帰った吉左衛門は納経帳を友人たちに披露しようとしたが、開けてみると全て白紙であった。それを回心して自らが一人で歩きながら苦労して廻ったという。実話に近い話であろう。いわば遍路の心掛けを諭す実話と思われる。反面、真摯に遍路を心掛ける人びとは病気が治ったなどの奇跡が起きている。それは足の不自由な妻を障害者用の車に乗せて廻り、道後温泉に逗留中にその足が治った話は第三章第一節で紹介されている。

遍路の経済的効果にも触れているのは面白い。一日に遍路が費やす金銭は当時約一円で三十日で三十円、六十日で六十円となる。年間三万人の遍路が廻り、その消費する額の三分の一を受け取ると仮定しても三十万から六十万円が受け取られている、と見なした。その上、寺院に寄進される建築用材木や石材も本州からもたらされ、経済効果が高まったと見ている。その発想は今では宗教が経済に与える影響を捉える「宗教経済学」とも言えよう。なお、現在の徒歩巡拝では宿泊料、飲食、納経帳などを含め一日約一万円かかり、一巡するには五、六十万円の費用となる（拙稿『遍路と巡礼の民俗』）。

なお、研究者であるならば当然、遍路の多さに気付き、果たして年間どれくらいの遍路数があるのかを考える。ボーナーは三、四万人程度と捉えているが、第三十三札所の僧侶によると、それよりは下回り二万人は下らないという見解であった。しかし、その数字は明確な根拠をもったものではなく、漠然と捉えたものである。江戸時代には土佐藩佐川領の役人の記録では二万一八五一人と記されている（『寛政十三年改享和元　酉春西郷浦山廻見日記』）。但し、残念ながら大正末期から昭和初期の遍路数を正確に捉えることは不可能である。戦後の統計的な遍路数は前田卓関西大学名誉教授（『巡礼の社会学』）や筆者の研究（『遍路と巡礼の社会学』）によって判明するようになる。

## 八　おわりに

以上のようにボーナーの四国遍路の研究の内容を述べてきたが、誤認や誤植と思われる箇所が数ヵ所ある。例えば、『弘法大師賛議補』は寂本が元禄二年（一六八九）に著したものである。ボーナーもその本を紹介しているが、手に入れることはできなかった、と述べている。ところが、『四国邊路道指南』の紹介の中で『弘法大師賛議補』の引用が載せられている、と述べている。しかし、その形跡は見当たらない。但し、寂本の『四国偏礼霊場記』の中には、「道範阿闍梨の記」と記されたり、道範に触れた箇所が善通寺、弥谷寺、道場寺の項で出てくる。高僧の道範は寂本の先代住職に当たり、『南海流浪記』を著しているので、多分ボーナーは『四国偏礼霊場記』を『四国邊路道指南』と誤解していると思われる。

遍路墓※

また、「序章」においてもドイツ語の原文では、坂東札所の第一番は東京にあって、浅草の観音寺院は三番である、と記述しているが、正しくは坂東札所の第一番は相模の杉本寺であって、浅草寺は第十三番である。従って、誤植か誤認と思われる。沖野岩三郎の小説『宿命』の中では「はったい粉」の事件は四国遍路で起きたことではなく、西国巡礼者が宿屋に忘れたものである。

観察力の鋭い著者には珍しく、遍路の習俗で笈摺《おいずる》についてはー、二ヵ所で触れているが、詳しい記述はない。それには四国遍路では笈摺を身につけるのではなく、朱印を押す習慣が強かったことから詳しく記述をしなかったのかもしれない。本文中では、「白い布で仕立てられた特別の着物を持ち帰る。……寺院から朱印を受領した後に丁寧に包み、荷造りして帰る」と述べている。しかしながら、昭和十五年の荒井とみ三『遍路図会』には、笈摺を着た母子の姿が描かれているので、一部では白衣の笈摺を着ていたものと思われる。

また、「遍路墓」に著者はほとんど触れていないことも残念なことである。病気や行き倒れで亡くなった遍路は数知れない。それを村びとが供養として墓を建立した。遍路道の脇にはそれが多く残されていた。墓の建立は村びとによる善根もあった。

それ以外にも地名、寺院名、書名（nakanouti は「中の浦」、ashibi は「阿瀬比《あせび》」、suianji は「瑞安寺《ずいあんじ》」、shikokuhennrodô-shinan は『四国邊路道指南《みちしるべ》』）や日本語の発音表記に若干の錯誤はあるが、外国人としては致し方ないものである。これらの些細な誤認は本書の研究成果を些かも傷つけるものではない。むしろ改めてボーナーの四国遍路研究の素晴らしさに感銘する。

## 訳者あとがき

本書は、Alfred Bohner, Wallfahrt zu Zweien, Die 88 Heiligen Stätten von Shikoku. Tokyo.1931. の翻訳である。原書は、当時東京に所在したドイツ東洋文化研究協会(Deutsche Gesellschaft für Natur-und Völkerkunde Ostasiens)より「別巻　第十二」として出版されたものである。書名だけは二、三の研究者には知られ、紹介されていた。その中で最も古いのは高橋始「四国八十八箇所展相」(『松山高商論集』第五号　一九四二年)では、それが参考文献に挙げられている。しかし、その内容には一切触れられていない。しかも戦後は連合国最高司令部(GHQ)がかつての敵国ドイツ、日本の一部の書籍を没収した。その中に同書も含まれていたと言われる。

しかし、ドイツ語を読める一部の人には知られていた。上智大学名誉教授ポール・リーチ(Pole Reach)は、外国人の四国遍路研究者として円明寺の納札を見つけたシカゴ大学のフレデリック・スタール(Frederic Starr)と、ジャーナリストのオリバー・スタットラー(Oliver Statlrer)〔Japanese Pilgrimage. 1983.〕、そしてボーナーの三人を挙げている。リーチはスタールとスタットラーの二人に対しては厳しい批判をしている。それに対して、ボーナーの研究を高く評価し賞賛している。残念ながらドイツ語で書かれていることで同書は日本人には、ほとんど知られることがなかった。

そのような事情で、巡礼、遍路の研究を専門とする佐藤が原書の所在を各地の図書館や研究機関など八方に問い合わせたが、なかなか見つけることができなかった。幸いにもドイツ東洋文化研究協会に保存されていることが判明し、その複写を譲り受けることができた。しかしながら、翻訳するには、訳者が他の研究に忙殺されて、数年の歳月が経ってしまった。

翻訳の経過は、最初に米田が翻訳し、それを佐藤が原書と照らし合わせ、仏教用語、習俗慣用句の使い方、地名などの誤謬、誤植、歴史的内容などを念入りに点検し、推敲した。戦前のドイツ語の文体は長文であり、かつボーナーは几帳面な性格であったことから、日本語の文章化には多少手間取った。それをできるだけ日本人に読みやすいようにと心掛けることに努めた。日本語に堪能なボーナーには翻訳の拙さを天国から指摘されるかもしれないが、日独友好に免じてご寛恕を願うところである。

翻訳に当たっては色々な方面の方々からご協力を賜った。大谷大学名誉教授・築山修道先生には全ての原稿に目を通して、詳細な助言と原稿の校正を賜った。ここに厚く御礼を申し上げます。

また、原書の複写の提供を快く承諾して下さったドイツ東洋文化研究協会と、訳者の要望に何かと便宜を計って下さった同協会職員・松本知子さんに厚く感謝を申し上げます。愛媛大学附属図書館からは、ボーナーの教え子たちが恩師を回想した資料を提供して頂いた。さらに本書の文中並びに解説には読者に理解を深めてもらうために写真を挿入した。その写真は訳者が撮影したもの以外に関西大学名誉教授・前田卓先生を始め、写真家・上田雅一氏、遍路研究家の小松勝記氏、喜代吉栄徳氏からも提供を頂いた。これらの方々にも厚く御礼を申し上げます。出版に当たっては宗教書籍で伝統と権威のある大法輪閣にお世話になった。前の編集長の小山弘利氏には豊富な編集経験からの的確な助言を数多く賜った。厚く御礼を申し上げます。

訳者はボーナーの素晴らしい日本研究を多くの日本人に読めるようにとの願いを込めて翻訳をした。その翻訳の光栄に浴したことに感謝を申し上げます。

合掌

米田　俊秀

平成二十三年六月

【訳者の略歴】

**佐藤　久光**（さとう　ひさみつ）

1948年、秋田県に生まれる。大谷大学大学院哲学科博士課程単位取得満期退学。種智院大学専任講師、助教授、教授。現在、京都外国語大学非常勤講師。
〈著書〉『遍路と巡礼の社会学』『遍路と巡礼の民俗』（共に人文書院)、『秩父札所と巡礼の歴史』（岩田書院)、『チベット密教の研究』（共著、永田文昌堂）など。

**米田　俊秀**（よねだ　としひで）

1946年生まれ。大谷大学大学院後期博士課程（哲学専攻）満期退学。現在、佛教大学非常勤講師。
〈論文〉「フッサールの範疇直観」「カントの目的論」ほか。
〈共著書〉『禅と現代世界』『京都学派の思想』ほか。


同行《どうぎょう》二人《ににん》の遍路《へんろ》
―四国八十八ヶ所霊場

2012年5月10日　初版第1刷発行ⓒ

著　者　アルフレート・ボーナー
訳　者　佐藤　久光
　　　　米田　俊秀
発行人　石原大道
印刷所　三協美術印刷株式会社
製　本　株式会社　越後堂製本
発行所　有限会社　大法輪閣
東京都渋谷区東2－5－36　大泉ビル2F
TEL　(03) 5466-1401(代表)
振替　00130-8-19番

ISBN978-4-8046-1334-5　C0014　Printed in Japan